성경에 나오는 식물 122

BIBLICAL PLANTS

성경 식물 사전

반재광 감수 / 김혜정 편저

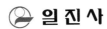 일진사

머리말

"하나님이 가라사대 땅은 풀과 씨 맺는 채소와 각기 종류대로 씨 가진 열매 맺는 과목을 내라 하시매 그대로 되어 땅이 풀과 각기 종류대로 씨 가진 열매 맺는 나무를 내니 하나님의 보시기에 좋았더라 저녁이 되며 아침이 되니 이는 셋째 날이니라."(창 1:11-13)

아담이 살았던 에덴동산에서부터 시작된 인간과 식물의 공존은 오늘날에도 마찬가지로 지속되고 있다. 식물이 없이는 살아갈 수 없는 것이 우리의 현실이다. 하나님은 인간의 생명을 위해 셋째 날 세상의 모든 식물을 만드셨다.

성경에는 100여 종 이상의 식물에 관한 이야기들이 나온다. 수천 년의 세월이 흐르면서 그 당시 식물들의 기후와 수질, 토양의 변화로 모양이나 형태가 변형되긴 했지만 식물의 속성은 그대로 유지되어 현재까지 대부분 지구상에 자생하고 있다.

성경에 나오는 많은 식물들은 그 시대 사람들의 생활 가운데 식용뿐만 아니라 삶에 있어서도 지혜를 얻는 유익한 자연 공동체였음을 알 수 있다.

이 책은 성경을 깊이 있게 연구하는 학자들을 위한 전문 서적이 아니다. 다만 성경에 나오는 식물 100여 종을 현재의 시각에서 범주별로 분류하여 간편하고 쉽게 이해할 수 있도록 도감 형식으로 간략하게 설명하고 있다.

성경에서 언급된 식물과 현재 우리가 알고 있는 식물의 형태가 다르게 보이거나 잘못 해석되어 전해 오는 경우도 있다. 수천 년 전 성경에서 언급한 식물을 지금의 어떤 식물이라고 정확히 규정하는 것이 쉬운 일은 아니기 때문이다. 수세기 동안 내려오면서 많은 성서학자들과 식물학자들에 의해 밝혀지고 더러는 밝히지 못한 식물들도 있다. 또한 지금까지도 식물의 해석에 있어서 학자들끼리의 의견이 분분하다. 다만 이 책은 그동안 보편화되어 통상적으로 불리고 있는 식물들의 이름, 모양, 해당 구절들, 특징 그리고 의미를 살펴봄으로써 성경를 읽는 모든 분들에게 조금이나마 도움이 되고자 하였다. 그동안 식물 책들을 펴냈던 경험을 바탕으로 성경를 접하면서 성경 속의 식물들에 관해 궁금했던 마음을 부족하지만 이 책을 통해 쉽고 간편하게 볼 수 있도록 집필하였다.

끝으로 저의 교수님이시며 감수를 맡아 지도해 주신 성산효대학원대학교 성서신학 박사 반재광 교수님께 깊은 감사를 드립니다. 또한 이 책을 펴낼 수 있도록 용기를 주신 하나님께 영광 올립니다. 감사합니다.

저자 김혜정 올림

차 례

교목과 관목

가시구기자나무 ----------------- 8

가시나무 (가시대추) ----------- 10

가시나무 (자관목) ----------- 12

느릅나무 ----------------- 14

대추야자나무 ----------------- 16

돌무화과나무 ----------------- 18

동양풍나무 ----------------- 20

떨기나무 ----------------- 22

로뎀나무 ----------------- 24

마타나무 ----------------- 26

목화나무 ----------------- 28

무화과나무 ----------------- 30

백단목 ----------------- 32

백향목 ----------------- 34

버드나무 (버들잎 사시나무) ----------- 36

버드나무 (시내 버들) ----------- 38

버드나무 (은백양) ----------- 40

버즘나무 ----------------- 42

뽕나무 ----------------- 44

사과나무 ----------------- 46

살구나무 ----------------- 48

상수리나무 ----------------- 50

서양 박태기나무 ----------- 52

석류나무 ----------------- 54

소돔 사과 ----------------- 56

아브라함나무 ----------------- 58

아카시아 ----------------- 60

알레포소나무 ----------------- 62

올리브나무 ----------------- 64

월계수 ----------------- 66

위성류 ----------------- 68

유향 ----------------- 70

유향나무 ----------------- 72

은매화 ----------------- 74

이태리 편백나무 ----------- 76

지중해딸기 ----------------- 78

참나무 ----------------- 80

캐럽콩 ----------------- 82

페니키아향나무 ----------------- 84

포도나무 ----------------- 86

피네아소나무 ----------------- 88

호두나무 ----------------- 90

흑단나무 ----------------- 92

꽃과 잡초

가라지 ----------------- 96

가시덤불 ----------------- 98

가시풀감 ----------------- 100

노랑사리풀 ----------------- 102

독초 (독당근) ----------------- 104

독초 (독미나리) ----------------- 106

들박 ----------------- 108

들의 백합(들의 꽃, 들풀)류 ----------- 110

   들의 백합류 ❶ 돔 마카비 ----------- 112

   들의 백합류 ❷ 무스카리 ----------- 114

   들의 백합류 ❸ 선인장 ----------- 116

   들의 백합류 ❹ 시클라멘 ----------- 118

   들의 백합류 ❺ 아네모네 ----------- 120

   들의 백합류 ❻ 아도니스 ----------- 122

   들의 백합류 ❼ 양귀비 ----------- 124

   들의 백합류 ❽ 튤립 ----------- 126

   들의 백합류 ❾ 페니키아장미 ----------- 128

비둘기똥 ----------------- 130

샤론의 꽃 ❶ 나리꽃 ----------- 132

샤론의 꽃 ❷ 번홍화 ----------- 134

샤론의 꽃 ❸ 수선화 ----------- 136

수련 ----------------- 138

실라 ----------------------------------- 140
쐐기풀 -------------------------------- 142
쑥 ------------------------------------- 144
엉겅퀴류 1 ---------------------------- 146
　엉겅퀴류 ❶ 가시수레국화 --------- 148
　엉겅퀴류 ❷ 금엉겅퀴 -------------- 150
　엉겅퀴류 ❸ 시리아엉겅퀴 --------- 152
엉겅퀴류 2 ---------------------------- 154
　엉겅퀴류 ❶ 토르네폴티 군데리아 --- 156
　엉겅퀴류 ❷ 푼켄스절굿대 --------- 157
　엉겅퀴류 ❸ 흰무늬엉겅퀴 --------- 158
좁은잎꼭두서니 ----------------------- 160
케이퍼 덤불 -------------------------- 162

보리 ----------------------------------- 200
부추 ----------------------------------- 202
수박 ----------------------------------- 204
수수 ----------------------------------- 206
쓴 나물 (들꽃상치) --------------------- 208
쓴 나물 (서양민들레) ------------------ 210
쓴 나물 (셀러리) ----------------------- 212
쓴 나물 (치커리) ----------------------- 214
아욱 ----------------------------------- 216
양파 ----------------------------------- 218
잠두 ----------------------------------- 220
지마채 --------------------------------- 222
팥 ------------------------------------- 224

생활용 식물

갈대 ----------------------------------- 166
매더 ----------------------------------- 168
목화 ----------------------------------- 170
박 ------------------------------------- 172
벌가새 --------------------------------- 174
부들 ----------------------------------- 176
창포 ----------------------------------- 178
파피루스 ------------------------------- 180
피마자 --------------------------------- 182
하마다 --------------------------------- 184

식용 식물

고수 ----------------------------------- 188
나문재나무 ----------------------------- 190
리크 ----------------------------------- 192
마늘 ----------------------------------- 194
밀 ------------------------------------- 196
병아리콩 ------------------------------- 198

향로와 약용

검은 쿠민 ------------------------------ 228
겨자 ----------------------------------- 230
계피 ----------------------------------- 232
고벨화 --------------------------------- 234
나도향풀 ------------------------------- 236
딜 ------------------------------------- 238
마조람 --------------------------------- 240
몰약 ----------------------------------- 242
박하 ----------------------------------- 244
반일화 --------------------------------- 246
서양 때죽나무 ------------------------- 248
아마포 --------------------------------- 250
운향 ----------------------------------- 252
유향 ----------------------------------- 254
육계 ----------------------------------- 256
침향 (알로에) -------------------------- 258
침향 (Aloes wood) --------------------- 260
쿠민 ----------------------------------- 262

성경
식물사전

성경에 나오는 식물
Biblical plants

교목과
관목

가시구기자나무 (Boxthorn)

황폐한 땅에서 자라는 식물로 지명 이름에 사용된 식물

학명 Lycium europaeum L. (가짓과) 히브리명 아제카(ajeka) 원산지 지중해 연안, 이집트 개화기 3월
성경참조 수 10:10–11, 15:35, 대하 11:9–10, 렘 34:7, 느 11:30

관련 성경 구절

➤ **여호수아 10장 10−11절**

10. 여호와께서 그들을 이스라엘 앞에서 패하게 하시므로 여호수아가 그들을 기브온에서 크게 도륙하고 벧호론에 올라가는 비탈에서 추격하여 아세가와 막게다까지 이르니라

11. 그들이 이스라엘 앞에서 도망하여 벧호론의 비탈에서 내려갈 때에 여호와께서 하늘에서 큰 우박 덩이를 아세가에 이르기까지 내리우시매 그들이 죽었으니 이스라엘 자손의 칼에 죽은 자보다 우박에 죽은 자가 더 많더라

➤ **역대하 11장 9−10절**

9. 아도라임과 라기스와 아세가와

10. 소라와 아얄론과 헤브론이니 다 유다와 베냐민 땅에 있어 견고한 성읍들이라

식물의 특징

가짓과의 관목으로 높이는 1m 이내로 자라며 줄기와 잎에는 가시가 많고 가지가 여러 갈래로 서로 엉켜 갈라져 자란다. 잎이 작고 긴 타원형으로 줄기에 다닥다닥 붙어 자란다. 작은 잎은 초여름에 떨어지며 꽃은 잎겨드랑이에 1개씩 달리고 꽃받침이 있다. 꽃의 화관통이 길고 한 가지의 생식기만을 가진 단성화(單性花)로 분홍색 또는 하늘색으로 핀다. 열매는 익으면 붉은색으로 변한다.

우리나라에서 자라는 구기자는 화관통이 짧고 가시가 적으며 여름철에는 초록색의 잎이 무성히 달린다.

식물 관련 의미

히브리어 아제카(ajeka)는 아람어 아우세그(ausseg, 구기자)와 같은 어원으로 이스라엘 서부 산맥 기슭에 자리 잡은 도시의 지명으로 성경에 7회 나온다.

구기자나무는 황폐하고 비옥한 땅에서도 잘 자라는 식물로, 가시가 많아 사람들의 통제를 막는 울타리 역할로 사용되기도 했다.

가시구기자 열매

말린 구기자 열매

흰색 꽃

가시나무 (가시대추, Christ thom's jujube)

가시로 면류관을 엮어 예수의 머리 위에 씌웠던 재료 중 하나로 추정

학명 Ziziphus spina-christi(L.) Dest (갈매나뭇과)　**히브리명** atad(아타드), naatsuts(나아쭈쯔)
원산지 수단, 지중해 연안　**개화기** 3~7월
성경참조 마 7:16, 13:7, 27:29, 막 4:7, 15:17, 눅 6:44, 요 19:2, 19:5, 민 33:55, 수 23:13, 삿 9:14-15, 삼하
23:6, 왕하 14:9, 대하 25:18, 시 58:9, 잠 15:19, 26:9, 사 7:19, 33:12, 34:13

관련 성경 구절　　마가복음 4장 1-6절

1. 이에 빌라도가 예수를 데려다가 채찍질하더라
2. 군병들이 가시로 면류관을 엮어 그의 머리에 씌우고 자색 옷을 입히고
3. 앞에 와서 가로되 유대인의 왕이여 평안할지어다 하며 손바닥으로 때리더라
4. 빌라도가 다시 밖에 나가 말하되 보라 이 사람을 데리고 너희에게 나오나니 이는 내가 그에게서 아무 죄도 찾지 못한 것을 너희로 알게 하려 함이로다 하더라
5. 이에 예수께서 가시 면류관을 쓰고 자색 옷을 입고 나오시니 빌라도가 저희에게 말하되 보라 이 사람이로다 하매
6. 대제사장들과 하속들이 예수를 보고 소리질러 가로되 십자가에 못 박게 하소서 십자가에 못 박게 하소서 하는지라 빌라도가 가로되 너희가 친히 데려다가 십자가에 못 박으라 나는 그에게서 죄를 찾지 못하노라

식물의 특징

가시대추는 상록 활엽수로, 가시가 있는 대추나무의 일종이다. 높이는 3m까지 자라고 가시가 엉켜서 왕관 형태로 되며, 가시의 일부분은 끝이 약간 구부러져 갈고리처럼 생겼다. 꽃은 노란색의 작은 꽃들로 3~7월에 피지만 특히 여름철에 집중적으로 핀다. 열매는 방울토마토 정도의 크기이며 사마리아, 이스라엘의 남부, 요르단 계곡의 상부에서 자란다. 잎은 난형(卵形)으로 대추나뭇잎과 비슷하여 가시대추이다. 꽃은 노란색의 작은 꽃들을 피우며, 꽃 하나하나가 별처럼 생겼다.

식물 관련 의미

예수께서 십자가를 지시기 전 로마 병정들에 의해 머리에 쓰셨던 가시 면류관 중 하나로 추정된다. 나무에 가시가 심하게 돋아 있어 면류관의 재료로 쓰인 가시나무 중의 하나로 전해지고 있으나, 이스라엘에서 자라는 많은 종의 가시나무 중에서 어느 것이라고는 단정할 수 없다. 다만 히브리명인 아타드(atad)는 '가시'라는 뜻으로, 영명인 Christ thom's jujube가 '그리스도'를 가리키는 점에서 가장 타당성이 있을 것이라고 전해진다.

가시줄기

잎

열매

가시나무 [자관목(刺冠木), Thorny burnet]

예수의 가시 면류관으로 사용했던 재료 중 하나로 추정

학명 Sarcopoterium spinosum(L.) Spach (장미과) **히브리명** 시르(syr), 코찜(qtym) **원산지** 지중해 연안
개화기 3~4월
성경참조 마 7:16, 13:7, 27:29, 막 4:7, 15:17, 눅 6:44, 요 19:2, 19:5, 전 7:6

관련 성경 구절　마태복음 27장 27-31절

27. 이에 총독의 군병들이 예수를 데리고 관정 안으로 들어가서 온 군대를 그에게로 모으고
28. 그의 옷을 벗기고 홍포를 입히며
29. 가시 면류관을 엮어 그 머리에 씌우고 갈대를 그 오른손에 들리고 그 앞에서 무릎을 꿇고 희롱하여 가로되 유대인의 왕이여 평안할지어다 하며
30. 그에게 침 뱉고 갈대를 빼앗아 그의 머리를 치더라
31. 희롱을 다한 후 홍포를 벗기고 도로 그의 옷을 입혀 십자가에 못 박으려고 끌고 나가니라

식물의 특징

　자관목은 가시가 있는 떨기나무를 말한다. 여러 개의 줄기로 되어 있고 그 크기가 2m 정도 자라며 밑동이나 땅속 부분에서부터 줄기가 갈라져 가지가 우거져 덤불을 이루기도 하는 나무다. 작은 가시가 덤불과 함께 촘촘히 엉켜 있으며 가시가 억세고 날카롭다. 3~4월에 수상 화서로 솜털 같은 꽃이 피는데 연한 노란색의 암꽃과 진분홍색의 수꽃이 동시에 핀다. 아름다운 꽃을 가시가 지키고 있다는 말처럼 가시나무의 꽃은 매우 예쁘다. 꽃은 홍매화의 꽃 모양과 닮았다.

식물 관련 의미

　예수께서 십자가에 매달리기 전에 로마 병정들이 고통을 주기 위해 가시로 만든 관을 머리에 씌웠다. 자관목은 곧 그리스도의 가시관을 뜻하는 것이라고 학자들은 설명하고 있다. 예수의 머리에 썼던 가시관에 대해서는 많은 논란이 있으나 '그리스도의 가시관(couronne-du-Christ, 프랑스어)'이란 이름을 가진 나무는 그리스도의 십자가 죽음에 나타난 가시나무인 자관목이었을 것이라고 추측하고 있다.

　사막이나 지중해 연안, 근동 지역에 가시가 많은 나무들이 많이 서식하여 땔감으로도 사용하였으며, 가시를 품은 나무들 또한 여러 종류가 있다.

가시줄기

꽃

열매

느릅나무 (게쉠, Elm)

식물 이름을 사람 이름으로 사용함.

학명 Ulmus canescens Melb. (느릅나뭇과) 히브리명 게쉠(geshem) 원산지 지중해 연안 개화기 2~5월
성경참조 사 44:14

관련 성경 구절   이사야 44장 12-15절

12. 철공은 철을 숯불에 불리고 메로 치고 강한 팔로 괄리므로 심지어 주려서 기력이 진하며 물을 마시지 아니하여 곤비하며
13. 목공은 줄을 늘여 재고 붓으로 긋고 대패로 밀고 정규로 그어 사람의 아름다움을 따라 인형을 새겨 집에 두게 하며
14. 그는 혹 백향목을 베이며 혹 디르사나무와 상수리나무를 취하며 혹 삼림 중에 자기를 위하여 한 나무를 택하며 혹 나무를 심고 비에 자라게도 하나니
15. 무릇 이 나무는 사람이 화목을 삼는 것이어늘 그가 그것을 가지고 자기 몸을 더웁게도 하고 그것으로 불을 피워서 떡을 굽기도 하고 그것으로 신상을 만들어 숭배하며 우상을 만들고 그 앞에 부복하기도 하는구나

식물의 특징

느릅나무는 낙엽 교목으로 높이가 8m 정도로 자라며 잎은 타원형으로 뒷면이 흰 솜털로 덮여 있고 마주나기이다. 주로 거리의 가로수로 많이 심어지며 온대 기후 지역에서 자생한다. 잎맥을 중심으로 한쪽으로 치우쳐 있으며 작고 납작한 열매 가운데에 씨가 들어 있어 옛날 우리나라 엽전 모양을 닮았다.

식물 관련 의미

게쉠(geshem)의 히브리어 의미는 '비'를 뜻하는 것으로 해석되며, 히브리어 게쉠(geshem)을 아랍어 네쉠(neshem)으로 바꾸어 읽으면서 그 의미가 털이 많은 느릅나무의 뜻으로 해석된다고 학자들은 보고 있다. 히브리어 게쉠(geshem)을 아랍어 네쉠(neshem)으로 앞 철자인 g와 n의 발음에서 오는 실수일 수 있다고 본다는 것이다. 게쉠(geshem)은 성경에 8번 정도 나온다. 느 2:19에서 사람의 이름으로 게쉠(geshem)이 나오는데 식물 이름을 사람 이름으로 사용한 것으로 성서 시대 당시는 종종 있는 일이었다. 사 44:14에서는 '비'로 나오는데 이것이 게쉠(geshem)으로 느릅나무를 뜻하는 것이 아닌가 하는 견해도 있지만, 성경 학자들 사이에서의 이견이 있으며 현재 어떤 확실한 결론이 난 것은 아니다.

나무 껍질

잎

꽃

대추야자나무 (종려나무, Date palm)

사람들이 예수를 환영할 때 들었던 나뭇가지

학명 Phoenix dactylifera Linn. (야자과) **히브리명** 타마르(tamar) **원산지** 열대, 아열대 북아프리카
개화기 3월

성경참조 출 15:27, 레 23:40, 민 33:9-10, 신 34:3, 삿 1:16, 3:13, 4:5, 삼하 13:1, 14:27, 왕상 6:29, 6:32,
6:35, 7:36, 대하 3:5, 28:15, 느 8:15, 시 92:12, 아 7:7-8, 사 9:14-15, 겔 40:16, 40:22, 40:26-37,
41:18-26, 48:28, 욥 1:12, 요 12:13, 계 7:9

관련 성경 구절

➤ 레위기 23장 39-41절

39. 너희가 토지 소산 거두기를 마치거든 칠월 십오일부터 칠 일 동안 여호와의 절기를 지키되 첫날에도 안식하고 제 팔 일에도 안식할 것이요

40. 첫날에는 너희가 아름다운 나무 실과와 종려가지와 무성한 가지와 시내 버들을 취하여 너희 하나님 여호와 앞에서 칠 일 동안 즐거워할 것이라

41. 너희는 매년에 칠 일 동안 여호와께 이 절기를 지킬지니 너희 대대로의 영원한 규례라 너희는 칠월에 이를 지킬지니라

➤ 요한복음 12장 12-15절

12. 그 이튿날에는 명절에 온 큰 무리가 예수께서 예루살렘으로 오신다 함을 듣고

13. 종려나무 가지를 가지고 맞으러 나가 외치되 호산나 찬송하리로다 주의 이름으로 오시는 이 곧 이스라엘의 왕이시여 하더라

14. 예수는 한 어린 나귀를 만나서 타시니

15. 이는 기록된 바 시온 딸아 두려워 말라 보라 너의 왕이 나귀 새끼를 타고 오신다 함과 같더라

식물의 특징

대추야자나무는 성경에서 종려나무를 말하는 것으로 400년 전에 이미 재배되어 내려온 나무이다. 나무의 크기가 30m 이상 자란다. 뿌리가 땅속 깊숙이 뻗어 나가며 줄기가 높이 솟아 뜨거운 태양을 가려 주는 그늘 역할을 한다. 수정된 꽃에서는 열매가 맺으며 8월에 대추가 빨갛게 익는다.

식물 관련 의미

레 23:40에서 초막절에 사용되었던 나무 중에 하나이며 요 12:13에서는 예수께서 예루살렘 성으로 입성할 때 군중들이 대추야자나무 가지를 손에 들고 "호산나 찬송하리로다."라고 외쳤다.

대추야자나무는 현재 이스라엘의 요르단 골짜기 사해 주변 해안 평야 등지에서 집중 재배되고 있다.

나무에 달려 있는 대추

시장에 나와 있는 대추들

잎

돌무화과나무 (뽕나무, Sycamore tree)

삭개오가 예수를 보기 위해 올라갔던 나무

학명 Morus alba L. (뽕나뭇과) 히브리명 쉬크마(shiqmah) 원산지 이스라엘, 이집트 개화기 5~6월
성경참조 왕상 10:27, 대상 27:28, 대하 1:15, 9:27, 시 78:47, 사 9:10, 암 7:14, 눅 19:4

관련 성경 구절

➤ **열왕기상 10장 26-27절**

26. 솔로몬이 병거와 마병을 모으매 병거가 천사백 대요 마병이 만이천 명이라 병거성에도 두고 예루살렘 왕에게도 두었으며

27. 왕이 예루살렘에서 은을 돌 같이 흔하게 하고 백향목을 평지의 뽕나무 같이 많게 하였더라

➤ **누가복음 19장 1-4절**

1. 예수께서 여리고로 들어 지나가시더라

2. 삭개오라 이름하는 자가 있으니 세리장이요 또한 부자라

3. 저가 예수께서 어떠한 사람인가 하여 보고자 하되 키가 작고 사람이 많아 할 수 없어

4. 앞으로 달려가 보기 위하여 뽕나무에 올라가니 이는 예수께서 그리로 지나가시게 됨이러라

식물의 특징

돌무화과나무는 뽕나뭇과의 뽕나무이며 상록 교목이다. 열매가 무화과 열매 같이 생겨 돌무화과나무로 불리지만 열매는 딱딱하여 먹을 수 없다. 높이가 15m 정도 자라는데 굵은 가지가 위로 뻗으며 자란다. 잎은 넓고 크며 꽃은 무화과와 비슷한 줄기 끝에 숨어 있는 은두 화서(隱頭花序)이다. 열매는 1년에 두 번 정도 작은 열매가 열리는데 초여름에 첫 열매가 익으며, 당분이 무화과보다 조금 덜하다. 돌무화과나무는 목재로 많이 사용하였다. 3천 년 전에 만든 미라의 관이 이집트에서 발견되었는데 이 관의 목재가 돌무화과나무로 만들어졌다.

식물 관련 의미

무화과나무는 가지와 잎들이 풍성하여 솔로몬 왕은 왕상 10:27에서 백향목을 돌무화과나무(뽕나무) 같이 풍부하도록 심게 했다고 기록하고 있다. 돌무화과나무(뽕나무, sycamore tree)는 뽕나무로, 열매가 무화과와 비슷한 데서 돌무화과로 불리게 되었으나, 무화과나무와는 다른 종이다. 눅 19:4에서 키가 작은 삭개오가 예수를 보기 위해 올라갔던 나무이기도 하다.

돌무화과

동양풍나무 (유향, Storax)

향품과 약품으로 높은 가치가 있었던 나무

학명 Liquidambar orientalis Mill. (조록나뭇과)　히브리명 쪼리(tson), 나타프(nataf)　원산지 유럽, 터키, 중동 지역　개화기 3~4월

성경참조 창 37:25, 43:11, 출 30:34, 렘 8:22, 46:11, 51:8, 겔 27:17

관련 성경 구절

➤ **창세기 37장 23－25절**

23. 요셉이 형들에게 이르매 그 형들이 요셉의 옷 곧 그 입은 채색옷을 벗기고
24. 그를 잡아 구덩이에 던지니 그 구덩이는 빈 것이라 그 속에 물이 없었더라
25. 그들이 앉아 음식을 먹다가 눈을 들어 본즉 한 떼 이스마엘 족속이 길르앗에서 오는데 그 약대들에 향품과 유향과 몰약을 싣고 애굽으로 내려가는지라

➤ **출애굽기 30장 34－36절**

34. 여호와께서 모세에게 이르시되 너는 소합향과 나감향과 풍자향의 향품을 취하고 그 향품을 유향에 섞되 각기 동일한 중수로 하고
35. 그것으로 향을 만들되 향 만드는 법대로 만들고 그것에 소금을 쳐서 성결하게 하고
36. 그 향 얼마를 곱게 찧어 내가 너와 만날 회막 안 증거궤 앞에 두라 이 향은 너희에게 지극히 거룩하니라

식물의 특징

동양풍나무는 조록나뭇과의 교목으로 높이는 10m까지 자란다. 잎은 다섯 갈래로 갈라져 있으며 끝이 뾰족하다. 줄기는 4cm 정도로 둥근 모양의 노란색 꽃이 핀다. 열매는 둥글고 가시로 뒤덮여 있으며 줄기를 자르면 끈적한 회갈색 고무 수지가 나온다.

동양풍나무 속(屬)은 수만 년 전 화석에서도 발견되었으며 빙하 시대가 오면서 몇몇 종들은 유럽에서는 사라졌으나 다른 종들은 터키와 인근 지역에서 지금도 살아남아 수만 년을 자생하고 있다. 습하고 비옥한 땅에서 자라는 동양풍나무는 같은 교목인 미국풍나무와는 자라는 습성이 다르다.

식물 관련 의미

렘 8:22와 겔 27:17에서는 쪼리(tson)가 나무의 화려함보다는 나무에서 추출되는 수지로 성서 때부터 이미 약품과 향품으로 사용되었음을 알 수가 있다. 동양풍나무는 이스라엘 지역이 아닌 터키에서 자라는 것으로, 창 37:25에서는 이스마엘 상인들이 유향을 싣고 애굽으로 팔러 간 것으로 보아 향품으로는 높은 가치가 있었던 것을 알 수 있다.

열매

잎

향

떨기나무 (가시떨기나무, 성지 산딸기, Burning bush)

"I AM WHO I AM" 모세에게 시내산 광야에서 하나님 자신의 이름을 드러냈던 곳

학명 Rubus sanguineus Friv. (장미과) 히브리명 스네(seneh) 원산지 지중해 연안 개화기 4~9월
성경참조 출 3:2-4, 신 33:16

관련 성경 구절　출애굽기 3장 1–4절

1. 모세가 그 장인 미디안 제사장 이드로의 양 무리를 치더니 그 무리를 광야 서편으로 인도하여 하나님의 산 호렙에 이르매
2. 여호와의 사자가 떨기나무 불꽃 가운데서 그에게 나타나시니라 그가 보니 떨기나무에 불이 붙었으나 사라지지 아니하는지라
3. 이에 가로되 내가 돌이켜 가서 이 큰 광경을 보리라 떨기나무가 어찌하여 타지 아니하는고 하는 동시에
4. 여호와께서 그가 보려고 돌이켜 오는 것을 보신지라 하나님이 떨기나무 가운데서 그를 불러 가라사대 모세야 모세야 하시매 그가 가로되 내가 여기 있나이다

식물의 특징

　떨기나무는 식물의 형태 분류가 식물 학자들마다 의견이 분분하다. 그중에 시내산 기슭에 있는 성 캐서린(St. Catherine) 수도원에서 자생하는 '산귀네우스산딸기(rubus sanguineus)' 종(種)의 떨기나무는 키가 1.5m 정도 자라는 관목이며, 장미과로 지중해 연안에 주로 서식하며 습기가 많은 곳에서 덤불을 이루며 자란다.

　줄기는 활 모양으로 갈퀴가 있으며 아래를 향해 자라난다. 잎은 작은 타원형이며 손바닥 모양의 복엽(複葉)이다. 꽃가지 끝이 총상 화서(總狀花序)로 꽃은 흰색을 띤 분홍색이며 4~9월에 핀다. 열매는 빨간색의 작고 둥근 열매들이 뭉치로 모여 있으며 익을수록 흑자색(黑紫色)으로 변한다.

식물 관련 의미

　출 3:2의 "여호와의 사자가 떨기나무 가운데로부터 나오는 불꽃 안에서 그에게 나타나시니라 그가 보니 떨기나무에 불이 붙었으나 그 떨기나무가 사라지지 아니하는지라." 에서 떨기나무는 모세에게 하나님의 거룩한 이름을 드러내실 때 사용하셨던 장소이다.

　떨기나무의 히브리명인 'seneh(스네/쎄네)'는 '찌르다'라는 어원에서 유래되었다. 떨기나무 사건은 대하 7:1에 기록된 "성전에 가득한 여호와의 눈부신 광채"처럼 '여호와의 영광'에 대한 명확한 표현으로 봐야 한다고 대부분의 학자들은 말하고 있다.

호렙산 떨기나무

성벽에서 자라는 떨기나무

로뎀나무 (대싸리, 노가주, Broom tree)

선지자 엘리야가 쫓기다 쉬며 기도하던 나무

학명 Retama raetam. (콩과) 히브리명 로뎀(rothem) 원산지 팔레스타인, 사하라, 아라비아 개화기 2~3월
성경참조 왕상 19:4-5, 욥 30:4, 시 120:4

24

관련 성경 구절 　열왕기상 19장 3-7절

3. 저가 이 형편을 보고 일어나 그 생명을 위하여 도망하여 유다에 속한 브엘세바에 이르러 자기의 사환을 그 곳에 머물게 하고
4. 스스로 광야로 들어가 하룻길쯤 행하고 한 로뎀나무 아래 앉아서 죽기를 구하여 가로되 여호와여 넉넉하오니 지금 내 생명을 취하옵소서 나는 내 열조보다 낫지 못하니이다 하고
5. 로뎀나무 아래 누워 자더니 천사가 어루만지며 이르되 일어나서 먹으라 하는지라
6. 본즉 머리맡에 숯불에 구운 떡과 한 병 물이 있더라 이에 먹고 마시고 다시 누웠더니
7. 여호와의 사자가 또 다시 와서 어루만지며 이르되 일어나서 먹으라 네가 길을 이기지 못할까 하노라 하는지라

식물의 특징

콩과의 관목으로 높이가 2~3m이며 잎은 비늘 모양이며 작다. 꽃은 흰색이며 이른 봄(2~3월)에 핀다. 긴 타원형의 열매를 맺으며 팔레스타인, 사하라, 시리아 등과 같은 사막의 구릉이나 암석 지대, 사해 부근에서 서식한다. 특히 사막 지대와 같은 곳에서는 그늘을 내며 2~3m 정도 크게 자란다. 아름다운 하얀 꽃봉오리가 무수히 가지에 맺혀 있고 2~3월에 만개한다. 4월에 꽃이 지고 나면 1.5cm가량의 딱딱한 꼬투리가 맺히면서 둥그런 씨앗이 생겨난다.

식물 관련 의미

로뎀나무(Broom tree)는 팔레스타인, 시나이, 시리아, 이집트 등 광야에서 흔히 볼 수 있는 관목이다. 왕상 19장에서는 엘리야가 이방신을 섬기는 이스라엘 아합왕에게 쫓겨 목숨이 위태로움을 느끼고 도망가다가 광야의 로뎀나무 아래 앉아서 하나님께 자신의 생명을 거둬 줄 것을 기도하니, 하나님이 천사를 보내어 엘리야에게 먹을 것을 주고 위로와 힘을 주시었다고 나와 있다. 우리에게는 '쉼'이라는 의미의 상호명으로 많이 사용되고 있다.

이 밖에도 시 120:4, 욥 30:4에서도 로뎀나무에 대해 언급하고 있는데 이는 로뎀나무(Rothem)의 줄기와 잎에 있는 기름이 매우 뜨거운 불을 만들기 때문이다.

로뎀나무

로뎀나무 줄기

나무 꽃

마타나무 (푸른 칡, 삼손나무, Shaggy sparrow wort)

나실인이 삼손을 결박할 때 끈으로 이용했던 나무

학명 Passerina hirsuta L. (팥꽃나뭇과) 히브리명 마타나(matana), 예테르(ater) 원산지 지중해 연안,
사하라 지방 개화기 3~4월
성경참조 삿 16:7-9

26

관련 성경 구절   사사기 16장 7-11절

7. 삼손이 그에게 이르되 만일 마르지 아니한 푸른 칡 일곱으로 나를 결박하면 내가 약하여져서 다른 사람과 같으리라

8. 블레셋 사람의 방백들이 마르지 아니한 푸른 칡 일곱을 여인에게로 가져오매 그가 그것으로 삼손을 결박하고

9. 이미 사람을 내실에 매복시켰으므로 삼손에게 말하되 삼손이여 블레셋 사람이 당신에게 미쳤느니라 하니 삼손이 그 칡 끊기를 불탄 삼실을 끊음 같이 하였고 그 힘의 근본은 여전히 알지 못하니라

10. 들릴라가 삼손에게 이르되 보라 당신이 나를 희롱하여 내게 거짓말을 하였도다 청컨대 무엇으로 하면 당신을 결박할 수 있을는지 이제는 내게 말하라

11. 삼손이 그에게 이르되 만일 쓰지 아니한 새 줄로 나를 결박하면 내가 약하여져서 다른 사람과 같으리라

식물의 특징

푸른 칡은 팥꽃나뭇과의 상록 관목으로서 높이가 150cm 정도 자란다. 암수딴그루[單性花]로서 줄기와 가지가 많이 갈라지며, 가지는 비늘 같은 잎으로 촘촘히 덮여 있다. 잎은 타원형이며 표면이 비늘 모양으로 진녹색이다. 꽃잎은 5~10개의 노란 종 모양의 꽃들이 잔가지에 모여 핀다. 우리나라에는 비슷한 종이 없는 나무이다.

식물 관련 의미

히브리어 마타나(matana)는 삿 16:7에서 블레셋 군인들이 나실인 삼손을 결박해 죽이려 했던 끈으로 사용되었던 것으로 전해진다. 줄기가 질기고 부드러워 끈으로 사용할 수 있다. 마타나는 사막 지대의 마트난이라는 고장의 이름으로 아랍어의 식물명인 미트난(mitenan)과 동일하다고 보이기에 마타나란 이름을 택하였다. 이 지역에 마타나가 많이 분포되어 식물 이름을 지명으로 사용한 것으로 보인다.

꽃

푸른 칡

마타나무

목화나무 (Cotton)

옷을 만드는 재료로 사용됨

학명 Gossypium herbaceum L. (아욱과) **히브리명** 호라이(choray), 카르파쓰(karpas) **원산지** 인도, 열대 지방, 온대 지방 **개화기** 7~8월
성경참조 사 19:9, 에 1:5-6

관련 성경 구절

➤ **이사야 19장 8−10절**

8. 어부들은 탄식하며 무릇 나일 강에 낚시를 던지는 자는 슬퍼하며 물에 그물을 치는 자는 피곤할 것이며

9. 세마포를 만드는 자와 백목을 짜는 자들이 수치를 당할 것이며

10. 애굽의 기둥이 부숴지고 품꾼들이 다 마음에 근심하리라

➤ **에스더 1장 5−6절**

5. 이 날이 다하매 왕이 또 도성 수산 대소 인민을 위하여 왕궁 후원 뜰에서 칠 일 동안 잔치를 베풀새

6. 백색, 녹색, 청색 휘장을 자색 가는 베줄로 대리석 기둥 은고리에 매고 금과 은으로 만든 걸상을 화반석, 백석, 운모석, 흑석을 깐 땅에 진설하고

식물의 특징

목화나무는 원산지인 인도나 열대 지방에서 자라며 온대 지방에서도 재배하고 있다. 아욱과의 한해살이풀이지만 작은 관목 형태도 있다. 높이는 2m까지 자라며 잎은 부드럽고 테두리가 갈라져 있다. 꽃은 노란색으로 가운데 중앙에 자주색이 반점처럼 나 있으며 꽃잎은 5개의 잎이 나선상으로 겹쳐 있다. 열매는 삭과(蒴果)로 타원형이며 익으면 부풀어져 갈라져 솜털이 터져 나오는데, 우리가 아는 목화솜 또는 목화실로 잘 알려져 있으며 옷감을 짜는 데 사용된다. 땀의 흡수가 빠른 면섬유로 속옷이나 타월 등 땀 흡수가 뛰어난 옷감으로 사용된다.

식물 관련 의미

목화 열매는 옷을 만드는 재료로 사용되었으며 히브리어 호라이(choray)는 흰 목화류를 뜻하는 말로 "목화를 짜는 일"의 의미를 갖는다. 사 19:9에는 "흰 목화류를 짜는 사람"으로 해석되어 있다. 또한 목화는 구약 시대 초기에는 이집트에서 재배되었으며, 기원전 말기부터 이스라엘에서 재배된 것으로 보인다.

기원전 5,000년 전 인더스 계곡(파키스탄)에서 최초로 재배되었으며 아메리카에서는 4,500년경의 유물이 페루 바닷가에서 발견되었다.

목화

꽃

천

무화과나무 (Fig)

아담과 하와가 벌거벗은 몸을 가렸던 나뭇잎

학명 Ficus carica L. (뽕나뭇과) 히브리명 테에나(te'enah, 나무류), 비쿠라(bilcurah, 열매) 원산지 지중
해 연안 개화기 3~4월

성경참조 창 3:7, 민 13:23, 20:5, 신 8:8, 삿 9:11, 삼상 25:18, 30:12, 왕상 4:25, 왕하 18:31, 20:7 대상 12:40,
아 2:13, 사 28:4, 36:16, 38:21, 렘 5:17, 24:1-8, 욜 1:7, 1:12, 암 4:9, 미 4:4, 나 3:12, 슥 3:10, 마
7:16, 21:19-21, 24:32, 막 11:13-14, 11:20-21, 13:28, 눅 13:6-9, 요 1:48, 1:50, 계 6:13

관련 성경 구절

➤ **창세기 3장 5-7절**

5. 너희가 그것을 먹는 날에는 너희 눈이 밝아 하나님과 같이 되어 선악을 알 줄을 하나님이 아심이니라

6. 여자가 그 나무를 본즉 먹음직도 하고 보암직도 하고 지혜롭게 할 만큼 탐스럽기도 한 나무인지라 여자가 그 실과를 따먹고 자기와 함께한 남편에게도 주매 그도 먹은지라

7. 이에 그들의 눈이 밝아 자기들의 몸이 벗은 줄을 알고 무화과나무 잎을 엮어 치마를 하였더라

➤ **누가복음 6장 43-45절**

43. 못된 열매 맺는 좋은 나무가 없고 또 좋은 열매 맺는 못된 나무가 없느니라

44. 나무는 각각 그 열매로 아나니 가시나무에서 무화과를, 또는 찔레에서 포도를 따지 못하느니라

45. 선한 사람은 마음의 쌓은 선에서 선을 내고 악한 자는 그 쌓은 악에서 악을 내나니 이는 마음의 가득한 것을 입으로 말함이니라

식물의 특징

뽕나뭇과의 낙엽 활엽 관목이며 높이는 3~5m 정도 자라며 3~4월까지 담홍색 꽃이 피며 과실은 가을에 자홍색으로 익는다. 꽃에는 암수가 있으며 열매로 불리는 부분에 불룩하게 작은 꽃이 붙어 있어 외부에서는 잘 보이지 않는다. 4~6월에 열매가 처음에 열리는데, 무화과가 나무에서 숙성되는 동안 다른 가지에서 무화과가 열려 8~9월에 숙성되어 10월에 수확한다. 무화과는 손질을 게을리하면 어린 나무는 결실치 않고 노목은 쓸모가 없어진다.

식물 관련 의미

에덴동산에서 무화과나무의 용도는 옷이었다. 창 3:7에서는 아담이 하나님의 명령을 어기고 죄를 짓게 되자 자신의 벌거벗은 몸이 부끄러워 가리기 위해 무화과 나뭇잎을 엮어 가렸다고 나와 있다. 또한, 무화과나무는 손질을 게을리하면 잎이 무성하여 잎 외에는 쓸모가 없게 된다. 막 11:13에서 예수께서는 잎사귀가 무성하게 있는 무화과나무에 열매를 기대하셨지만 그 나무는 잎만 무성하고 잎사귀 외엔 아무것도 쓸모없음을 말씀하셨다. 이 당시는 행인에게 길가에 심어진 나무의 과실을 따 먹을 수 있도록 율법에서 허락한 시기였다.

무화과나무

잎

풍성한 열매

백단목 (홍단목, 자단, Sendalwood, Saunders)

악기의 재료로 사용된 나무

학명 Pterocarpus santalinus L. (콩과) 히브리명 알굼(algum), 알무그(almug) 원산지 인도 남부, 스리
랑카 개화기 3~4월
성경참조 왕상 10:11−12, 대하 2:8, 9:10−11

관련 성경 구절

➡ **왕상 10장 11-13절**

11. 오빌에서부터 금을 실어 온 히람의 배들이 오빌에서 많은 백단목과 보석을 운반하여 오매

12. 왕이 백단목으로 여호와의 전과 왕궁의 난간을 만들고 또 노래하는 자를 위하여 수금과 비파를 만들었으니 이같은 백단목은 전에도 온 일이 없었고 오늘까지도 보지 못하였더라

13. 솔로몬 왕이 왕의 규례대로 스바 여왕에게 물건을 준 외에 또 저의 소원대로 무릇 구하는 것을 주니 이에 저가 그 신복들로 더불어 본국으로 돌아갔더라

➡ **역대하 2장 7-8절**

7. 이제 청컨대 당신은 금은 동철로 제조하며 자색 홍색 청색실로 직조하며 또 아로새길 줄 아는 공교한 공장 하나를 내게 보내어 내 부친 다윗이 유다와 예루살렘에서 예비한 나의 공교한 공장과 함께 일하게 하고

8. 또 레바논에서 백향목과 잣나무와 백단목을 내게로 보내소서 내가 알거니와 당신의 종은 레바논에서 벌목을 잘하나니 내 종이 당신의 종을 도울지라

식물의 특징

콩과의 상록 교목으로 높이는 6~17m로 자라며 직경이 30~50cm인 백단목(홍목)은 단단하고 자주색의 목질을 가지고 있으며 잔털이 있다. 잎은 깃털 모양이고, 꽃은 노란색의 나비 모양으로 작은 꽃이 피며, 열매는 종 모양으로 꼬리와 날개가 있다.

식물 관련 의미

왕상 10:11-12에서 솔로몬왕이 성전에 사용할 알무그(almug)인 백단목을 오발에서 가져와 성전의 난간을 만들고 수금과 비파를 만드는 데 사용하였다. 대하 2:8, 9:10에서는 레바논의 토종 알굼(algum)을 값비싼 나무로 언급하였다. 왕상의 알무그(almug)와 대하의 알굼(algum)은 동일한 의미를 가지고 있다. 알무그(almug)는 홍목을, 알굼(algum)은 레바논의 향나무를 가리키는데 붉은 홍목 또는 흰 홍목이나 페니키아 향나무 모두 같은 의미의 나무일 것으로 보고 있다.

향재료

목재

백향목 (레바논개잎갈나무, Cedar of Lebanon, Cedar)

솔로몬이 성전을 건축할 때 사용한 나무

학명 Cedrus libani London (소나뭇과) **히브리명** 에즈라흐(ezrach), 에레즈(arez), 케드리노스(kedrinos)
원산지 레바논 **개화기** 5월

성경참조 레 14:4−52, 민 19:6, 삿 9:15, 삼하 5:11, 7:2−7, 왕상 4:33, 5:6−10, 6:9−36, 7:2−12, 9:11, 10:27,
왕하 14:9, 19:23, 대상 14:1, 17:1−6, 22:4, 대하 1:15, 2:3−8, 9:27, 25:18, 스 3:7, 욥 40:17, 시
80:10, 92:12, 104:16, 148:9, 아 1:17, 5:15, 8:9, 사 2:13, 9:10, 14:8, 37:24, 41:19, 렘 22:7−23, 겔
17:3−23, 27:5, 27:24, 31:3−8, 호 14:5−6, 암 2:9, 슥 11:1−2, 습 2:14

관련 성경 구절

➤ **사무엘하 5장 11–12절**

11. 두로 왕 히람이 다윗에게 사자들과 백향목과 목수와 석수를 보내매 저희가 다윗을 위하여 집을 지으니

12. 다윗이 여호와께서 자기를 세우사 이스라엘 왕을 삼으신 것과 그 백성 이스라엘을 위하여 그 나라를 높이신 것을 아니라

➤ **열왕기상 5장 4–6절**

4. 이제 내 하나님 여호와께서 내게 사방의 태평을 주시매 대적도 없고 재앙도 없도다

5. 여호와께서 내 부친 다윗에게 하신 말씀에 내가 너를 이어 네 위에 오르게 할 네 아들 그가 내 이름을 위하여 전을 건축하리라 하신 대로 내가 내 하나님 여호와의 이름을 위하여 전을 건축하려 하오니

6. 당신은 영을 내려 나를 위하여 레바논에서 백향목을 베어 내게 하소서 나의 종과 당신의 종이 함께할 것이요 또 내가 당신의 모든 말씀대로 당신의 종의 삯을 당신에게 붙이리이다 당신도 알거니와 우리 중에는 시돈 사람처럼 벌목을 잘하는 자가 없나이다

식물의 특징

소나뭇과에 속하는 상록 교목이며 주로 고산 지대에서 자란다. 키는 30m 이상의 높이까지 자라며, 암녹색의 작은 술들과 날카로운 가시들로 이루어져 있다. 교목 중에 최고를 자랑하며 나무가 위로 곧게 자라고 뿌리도 깊이 내린다.

수령이 많게는 천 년을 훌쩍 넘는 것들도 있다. 레바논 산맥 1500~1900m 지대 돌밭에서 자라며 이스라엘의 국경 근처인 북쪽에 분포한다. 초록색의 가지들은 수평으로 층층이 뻗어 있으며 잎은 소나무 잎과 같이 뾰족하고 거칠다. 방울은 바나나 모양 같이 타원형으로 솔방울보다 더 빼곡하고 촘촘하다.

솔가지

식물 관련 의미

두로왕 히람이 다윗성을 짓기 위해 백향목을 사용하였으며(삼하 5:11, 7:2, 대상 14:1, 22:4), 솔로몬은 성전 및 궁전 건축을 위해(왕상 5:6, 9:10–11) 백향목을 레바논으로부터 들여왔다. 또한 헤롯 대왕도 예루살렘 성전의 지붕에 백향목을 사용했다. 이처럼 백향목은 충해(蟲害)를 받지 않을 뿐더러 견고하고 마디가 없어 고대부터 건축 재료로 귀하게 쓰였다. 내구성이 좋아 애굽인들은 레바논의 백향목을 가져다가 선재(船材) 또는 관재(棺材)로 사용하였다. 앗수르, 바벨론도 레바논에서 백향목을 건재(乾材)로 구입하였다.

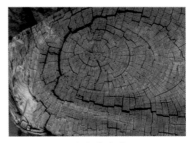

나이테(밑동)

버드나무 (버들잎 사시나무, 수양버들, Euphrates poplar)

유다 백성들이 바벨론 포로 시절 예루살렘을 그리워하며 수금을 걸어 두었던 나무

학명 Populus euphratica Oliv. (버드나뭇과) **히브리명** 아라바(aravah), 짜프짜파(tsaftsafuh)
원산지 이집트, 시리아, 팔레스틴, 요르단 **개화기** 2~3월
성경참조 시 137:2, 겔 17:5

관련 성경 구절

➤ **시편 137편 1-5절 / 아라바(aravah)**

1. 우리가 바벨론의 여러 강변 거기 앉아서 시온을 기억하며 울었도다
2. 그 중의 버드나무에 우리가 우리의 수금을 걸었나니
3. 이는 우리를 사로잡은 자가 거기서 우리에게 노래를 청하며 우리를 황폐케 한 자가 기쁨을 청하고 자기들을 위하여 시온 노래 중 하나를 노래하라 함이로다
4. 우리가 이방에 있어서 어찌 여호와의 노래를 부를꼬
5. 예루살렘아 내가 너를 잊을진대 내 오른손이 그 재주를 잊을지로다

➤ **에스겔 17장 4-6절 / 짜프짜파(tsaftsafuh)**

4. 그 연한 가지 끝을 꺾어 가지고 장사하는 땅에 이르러 상고의 성읍에 두고
5. 또 그 땅의 종자를 취하여 옥토에 심되 수양버들 가지처럼 큰 물가에 심더니
6. 그것이 자라며 퍼져서 높지 아니한 포도나무 곧 굵은 가지와 가는 가지가 난 포도나무가 되어 그 가지는 독수리를 향하였고 그 뿌리는 독수리의 아래 있었더라

식물의 특징

버드나뭇과인 버들잎 사시나무는 낙엽 활엽 교목으로 높이가 10~15m 정도 자란다. 가지가 길게 늘어지고 잎은 사방으로 퍼지며 잔털이 있는 선상 피침형이다. 꽃은 2~3월에 노란 수꽃과 원기둥 모양의 암꽃이 핀다. 버들잎 사시나무는 수양버들로 냇가와 강둑에서 흔히 자라며 시리아에서 팔레스틴을 거쳐 아라비아, 특히 요르단 계곡에서 흔하게 자라는 것을 볼 수 있다.

식물 관련 의미

주전 587년 예루살렘이 파괴된 후 바벨론으로 잡혀 와 포로 생활을 하게 된 유다 백성들이 시 137:2에서 자신들의 고향인 예루살렘을 그리워하며 수금을 켜지도 못한 채 버들잎 사시나무 가지 위에 아라바(aravah)를 걸었다. 사시나무는 잎이 무성하여 바람이 불면 바스락 소리가 나 마치 악기 소리처럼 들릴 수도 있다.

겔 17:5에서 히브리 단어 짜프짜파(tsaftsafuh)는 수양버들을 가리키는 것으로, 물가에 심었을 때 물을 흡수하여 잎이 푸르고 풍성하게 자란다.

사시나무 숲

사시나무 잎

버드나무 (시내 버들, Willow)

초막을 짓는 데 사용한 나무

학명 Salix acmophylla (버드나뭇과) 히브리명 아라바(aravah) 원산지 지중해 연안, 이란, 터키, 유럽, 시베리아 개화기 4~5월

성경참조 레 23:40, 욥 40:22, 시 137:2, 사 15:7, 44:3

관련 성경 구절

➤ 레위기 23장 39−40절

39. 너희가 토지 소산 거두기를 마치거든 칠월 십오일부터 칠 일 동안 여호와의 절기를 지키되 첫날에도 안식하고 제 팔 일에도 안식할 것이요

40. 첫날에는 너희가 아름다운 나무 실과와 종려 가지와 무성한 가지와 시내 버들을 취하여 너희 하나님 여호와 앞에서 칠 일 동안 즐거워할 것이라

➤ 욥기 40장 20−24절

20. 모든 들짐승의 노는 산은 그것을 위하여 식물을 내느니라

21. 그것이 연 줄기 아래나 갈밭 가운데나 못 속에 엎드리니

22. 연 그늘이 덮으며 시내 버들이 둘렀구나

23. 하수가 창일한다 할지라도 그것이 놀라지 않고 요단 강이 불어 그 입에 미칠지라도 자약하니

24. 그것이 정신차리고 있을 때에 누가 능히 잡을 수 있겠으며 갈고리로 그 코를 꿸 수 있겠느냐

식물의 특징

낙엽 활엽 교목으로 높이는 6m까지 자란다. 가늘고 긴 잎을 가지고 있으며 가지가 아래로 향해 자란다. 꽃은 초록색의 작은 꽃이 4~5월에 피며 5월이 되면 달걀 모양의 작은 열매가 익는다. 시내 버들은 팔레스틴의 요르단 강가에서 흔히 볼 수 있는 '유프라데스 포플라(Poplus Euphratica)'로 보고 있다. 물가나 습지에서 잘 자라는 나무로 초막을 짓는 데 사용하였다. 팔레스타인에는 북쪽에서 자라는 흰버들(White willow, Salix alba)과 남쪽의 뜨거운 태양 아래서 자라는 일반 버드나무(Common willow)가 있는데 시내 버들은 일반 버드나무에 속한다.

잎

식물 관련 의미

레 23:40에서 시내 버들은 시냇가에 심어진 신선한 버드나무로 초막을 짓는 데 사용되었다. 초막절은 지금도 유대인들에게는 하나님의 축복과 번영과 평화를 상징한다. 초막을 지어 애굽에서 종살이하던 자신들을 이끌어 축복의 땅 가나안으로 가기 위한 여정 중에 경험했던 광야 생활을 기리기 위해 7일 동안 그곳에 거주하며 젖과 꿀이 흐르는 가나안 땅으로 인도해 주신 하나님의 사랑을 경험하며 감사한다.

버들

버드나무 [은백양(銀白楊), 포플러, White willow]

야곱이 양떼에게 먹여 아롱진 새끼를 낳았던 나무

학명 Populus alba L. (버드나뭇과) 히브리명 리브네(livneh) 원산지 팔레스틴 북쪽, 지중해 연안, 터키
개화기 4월
성경참조 창 30:37, 호 4:13

관련 성경 구절

➤ **창세기 30장 37－39절**

37. 야곱이 버드나무와 살구나무와 신풍나무의 푸른 가지를 취하여 그것들의 껍질을 벗겨 흰 무늬를 내고
38. 그 껍질 벗긴 가지를 양 떼가 와서 먹는 개천의 물구유에 세워 양 떼에 향하게 하매 그 떼가 물을 먹으러 올 때에 새끼를 배니
39. 가지 앞에서 새끼를 배므로 얼룩얼룩한 것과 점이 있고 아롱진 것을 낳은지라

➤ **호세아 4장 13－14절**

13. 저희가 산꼭대기에서 제사를 드리며 작은 산 위에서 분향하되 참나무와 버드나무와 상수리나무 아래서 하니 이는 그 나무 그늘이 아름다움이라 이러므로 너희 딸들이 행음하며 너희 며느리들이 간음을 행하는도다
14. 너희 딸들이 행음하며 너희 며느리들이 간음하여도 내가 벌하지 아니하리니 이는 남자들도 창기와 함께 나가며 음부와 함께 희생을 드림이니라 깨닫지 못하는 백성은 패망하리라

식물의 특징

버드나뭇과의 낙엽 활엽 교목이다. 잎은 달걀형 또는 둥글고 넓은 모양이며 표면에 솜털 같은 털이 있다. 흰버들(White willow)은 버드나무류로 팔레스틴 북쪽에 서식한다. 높이는 20~30m까지 자라며 나무의 지름은 40~50cm 정도이다. 흰색의 꽃은 4월에 피고 열매는 타원형으로 5월에 익는다. 씨의 모양이 길고 비단 같은 부드러운 털이 씨를 감싸고 있는 다발 안에서 바람에 의해 날린다.

식물 관련 의미

창 30:37에서의 버드나무는 포플러나무이며 살구나무는 알몬드나무 또는 개암나무를 말한다. 신풍나무는 플라타너스(Platanus)를 뜻한다. 이 나무들의 껍질을 벗기면 속피가 알록달록한 형태로 보여진다. 야곱이 버드나무와 살구나무, 신풍나무의 껍질을 벗겨 양떼에게 먹이니 양떼가 아롱진 새끼를 낳았을 만큼 이 나무들의 효능이 있음을 알 수 있다.

호 4:13에서는 강렬한 태양이 내리쬐는 산꼭대기에서 제사를 드리는데 참나무와 버드나무와 상수리나무의 풍성한 잎들이 그늘을 만들어 주었다.

줄기

버들

버즘나무 (단풍나무, 신풍나무, 플라타너스, Plane tree)

뜨거운 태양을 피해 그늘을 제공한 나무

학명 Platanus orientalis L. (버즘나뭇과) 히브리명 아르몬(armon) 원산지 지중해 연안 개화기 4~5월
성경참조 창 30:37, 겔 31:8

관련 성경 구절

➤ **창세기 30장 35 – 38절**

35. 그 날에 그가 숫염소 중 얼룩무늬 있는 것과 점 있는 것을 가리고 암염소 중 흰 바탕에 아롱진 것과 점 있는 것을 가리고 양 중의 검은 것들을 가려 자기 아들들의 손에 맡기고

36. 자기와 야곱의 사이를 사흘 길이 뜨게 하였고 야곱은 라반의 남은 양 떼를 치니라

37. 야곱이 버드나무와 살구나무와 신풍나무의 푸른 가지를 가져다가 그것들의 껍질을 벗겨 흰 무늬를 내고

38. 그 껍질 벗긴 가지를 양 떼가 와서 먹는 개천의 물 구유에 세워 양 떼를 향하게 하매 그 떼가 물을 먹으러 올 때에 새끼를 배니

➤ **에스겔 31장 7 – 8절**

7. 그 뿌리가 큰 물가에 있으므로 그 나무가 크고 가지가 길어 모양이 아름다우매

8. 하나님의 동산의 백향목이 능히 그를 가리지 못하며 잣나무가 그 굵은 가지만 못하며 단풍나무가 그 가는 가지만 못하며 하나님의 동산의 어떤 나무도 그 아름다운 모양과 같지 못하였도다

식물의 특징

버즘나무 또는 플라타너스(속명)라고도 하며 버즘나뭇과에 속하는 낙엽 교목이다. 히브리명 '에롬(벌거벗은)'에서처럼 수피(樹皮)가 잘 벗겨지고 갈색이며 속껍질은 흰색으로 윤기가 있다. 껍질을 드문드문 벗길 경우 알록달록한 무늬가 나타나는 특징을 가지고 있다. 가지들이 얇게 손바닥 모양으로 갈라져 있으며 20m 이상 자란다. 잎 뒷면에 흰 털이 돋아 있는데 바람이 불면 날려 눈과 코에 알레르기를 유발한다고 알려져 있다. 꽃은 연녹색으로 작게 피며, 이스라엘 북쪽 근처 강가에서 자란다.

식물 관련 의미

창 30:37에서 히브리 단어 아르몬(armon)은 '나무껍질을 벗기는 방법'을 의미하며 '벌거벗은' 몸통의 뜻을 가진 에롬(arom)에서 유래한 것으로 보인다. 야곱이 삼촌 라반의 불의를 피해 아르몬(armon)의 특성을 이용해 나무껍질을 벗겨 자신에게 유리하도록 상황을 만들어 위기를 피해 갔다. 고대 그리스를 거쳐 팔레스타인에서는 뜨거운 태양을 피해 그늘을 제공하는 나무로 버즘나무가 사용되었다. 겔 31:8에서는 단풍나무를 아르몬(armon)인 버즘나무와 동일시하고 있다. 아랍인들은 이 나무를 딜바(dilba)로 부르고 있다.

잎

열매

뽕나무 (Black mulberry tree, Sycamine tree)

굳은 믿음을 일컬을 때 비유로 쓰인 식물

학명 Morus nigra L. (뽕나뭇과)　원산지 페르시아 연안, 아열대 지방　개화기 3~5월
성경참조 사 40:20, 눅 17:6

관련 성경 구절

➤ **이사야 40:19-20절**

19. 우상은 장인이 부어 만들었고 장색이 금으로 입혔고 또 위하여 은사슬을 만든 것이니라
20. 궁핍하여 이런 것을 드리지 못하는 자는 썩지 않는 나무를 택하고 공교한 장인을 구하여 우상을 만들어서 흔들리지 않도록 세우느니라

➤ **누가복음 17장 5-6절**

5. 사도들이 주께 여짜오되 우리에게 믿음을 더하소서 하니
6. 주께서 가라사대 너희에게 겨자씨 한 알만한 믿음이 있었더면 이 뽕나무더러 뿌리가 뽑혀 바다에 심기우라 하였을 것이요 그것이 너희에게 순종하였으리라

식물의 특징

뽕나무는 낙엽 교목의 뽕나뭇과 식물로 크기는 5~15m 정도 자란다. 잎은 타원형 모양으로 서로 어긋나 있으며 뒷면에 털이 있는데 뻣뻣하다. 잎은 누에의 먹이로 누에를 기를 수 있고 누에에서 명주실을 뽑아낸다. 명주실은 비단을 만드는 재료로 사용된다. 열매는 빨간색과 검은색으로 일명 '오디'라고 부른다. 꽃은 3~5월에 피며 수꽃은 잎 밑으로 이삭 모양의 연한 녹색을 띠고 암꽃은 두 개의 암술 머리만 있다.

식물 관련 의미

뽕나무는 여러 종류가 있는데 그중에 성경에는 두 종류의 뽕나무가 기록되어 있다. 눅 17:6에서는 믿음에 대한 비유로 뽕나무를 사용하였다. 사 40:20에서 검은 뽕나무는 잘 썩지도 않는 나무로 귀한 목재로 사용되었다.

또한 뿌리가 깊어 쉽게 뽑히지도 않아 굳은 믿음을 일컬을 때의 비유로 검은 뽕나무를 사용하였다. 유럽에서는 뽕나무의 열매가 까맣게 익으면 와인을 만들어 마시기도 하며, 뽕잎을 먹은 누에에서는 명주실을 뽑아내기도 하는 등 뽕나무는 생활에 유용한 귀한 식물이다.

열매

잎

줄기

사과나무 (Apple)

아름다움을 상징할 때 비유로 쓰이는 열매

학명 Malus pumila var. dulcissima (장미과) **히브리명** 타프아흐(tapuach) **원산지** 유럽, 서아시아, 터키, 시리아, 레바논 **개화기** 3~4월

성경참조 수 15:34, 15:53, 17:7-8, 대상 2:43, 잠 25:11, 아 2:3, 2:5, 7:8, 욜 1:12

관련 성경 구절

➤ **잠언 25장 9-11절**

9. 너는 이웃과 다투거든 변론만 하고 남의 은밀한 일은 누설하지 말라

10. 듣는 자가 너를 꾸짖을 터이요 또 네게 대한 악평이 네게서 떠나지 아니할까 두려우니라

11. 경우에 합당한 말은 아로새긴 은쟁반에 금 사과니라

➤ **아가서 2장 3-5절**

3. 남자들 중에 나의 사랑하는 자는 수풀 가운데 사과나무 같구나 내가 그 그늘에 앉아서 심히 기뻐하였고 그 열매는 내 입에 달았도다

4. 그가 나를 인도하여 잔칫집에 들어갔으니 그 사랑은 내 위에 깃발이로구나

5. 너희는 건포도로 내 힘을 돕고 사과로 나를 시원하게 하라 내가 사랑하므로 병이 생겼음이라

식물의 특징

사과나무는 장미과에 속하는 관목으로 높이는 5~10m까지 자란다. 둥근 수관을 가지고 있고 봄이 되면 분홍색의 꽃이 무성하게 피며 열매가 익으면서 점차 푸른 잎으로 변한다. 열매는 오렌지 정도의 크기로 둥글고 중앙에 약간 움푹 들어간 모양을 하고 있다. 초록색, 노란색, 빨간색의 열매가 열린다.

식물 관련 의미

잠 25:11에서는 사과를 아로새긴 은쟁반에 금 사과로 금과 은을 표현하고 있다. 이는 가지가 늘어지도록 과실을 담고 있는 모양을 표현하고 있으며 아 2:5에서는 "건포도로 나를 돕고 사과로 나를 상쾌하게 하라. 나는 사랑 병에 걸렸기 때문이다."라고 표현한 것처럼 사과를 특별하게 생각했다. 타프아흐(tapuach)는 숲속의 여러 나무들 가운데 하나인 사과나무를 가리킨다. 욜 1:12에서는 가뭄으로 시들어 버린 나무들을 보며 사과나무와 다른 나무들을 열거한다. 수 15:34, 15:53, 17:7-8, 대상 2:43에서의 사과는 '답부아(tapuach, 타프아흐)'로 지명을 가리킨다. 또한 에덴동산에서 아담이 하와의 유혹으로 먹게 된 과실나무의 열매가 사과일 것이라 하지만 확실한 근거는 없다.

꽃

익은 사과

에덴동산의 사과나무

살구나무 (아몬드나무, 감복숭아, Almond)

아론의 지팡이에 핀 꽃과 열매의 나무

학명 Amygdalus communis L. (장미과)   히브리명 루즈(luz), 메슈카드(meshuqad), 샤케드(shaqed)
원산지 지중해 연안, 페르시아, 서남아시아, 중앙아시아   개화기 4월
성경참조 루즈(luz) / 창 30:37
　　　　　메슈카드(meshuqad) / 출 25:33-34, 37:19-20
　　　　　샤케드(shaqed) / 창 43:11, 민 17:8, 17:23, 전 12:5, 렘 1:11

관련 성경 구절

➤ **창세기 30장 37-39절 / 루즈(luz)**

37. 야곱이 버드나무와 살구나무와 신풍나무의 푸른 가지를 가져다가 그것들의 껍질을 벗겨 흰 무늬를 내고
38. 그 껍질 벗긴 가지를 양 떼가 와서 먹는 개천의 물 구유에 세워 양 떼를 향하게 하매 그 떼가 물을 먹으러 올 때에 새끼를 배니
39. 가지 앞에서 새끼를 배므로 얼룩얼룩한 것과 점이 있고 아롱진 것을 낳은지라

➤ **출애굽기 25장 32-34절 / 메슈카드(meshuqad)**

32. 가지 여섯을 등잔대 곁에서 나오게 하되 다른 세 가지는 이쪽으로 나오고 다른 세 가지는 저쪽으로 나오게 하며
33. 이쪽 가지에 살구꽃 형상의 잔 셋과 꽃받침과 꽃이 있게 하고 저쪽 가지에도 살구꽃 형상의 잔 셋과 꽃받침과 꽃이 있게 하여 등잔대에서 나온 가지 여섯을 같게 할지며
34. 등잔대 줄기에는 살구꽃 형상의 잔 넷과 꽃받침과 꽃이 있게

➤ **민수기 17장 7-8절 / 샤케드(shaqed)**

7. 모세가 그 지팡이들을 증거의 장막 안 여호와 앞에 두었더라
8. 이튿날 모세가 증거의 장막에 들어가 본즉 레위 집을 위하여 낸 아론의 지팡이에 움이 돋고 순이 나고 꽃이 피어서 살구 열매가 열렸더라

식물의 특징

샤케드(shaqed)는 영어 성경 번역에서 아몬드(almond)로 장미과에 속하는 낙엽 활엽 교목이며 높이는 4~8m까지 자란다. 봄에 잎이 나기 전에 꽃이 먼저 피는데 꽃잎이 납작하고 타원형이며 담홍색, 흰색의 꽃이 핀다. 열매는 땅콩 크기의 솜털이 있으며 6~7월에 열린다.

식물 관련 의미

출 25:33-34, 37:19-20에서 메슈카드(meshuqad)는 아몬드 꽃의 모양을 말하며 잎이 납작한 아몬드 꽃으로 성막의 등잔대의 등 받침으로 장식하게 했다.

전 12:5에서 '샤케드(shaqed)'는 아몬드의 많은 꽃들을 노인의 백발로 상징하기도 했으며 렘 1:11에서는 히브리 명사 아몬드인 '샤케드(shaqed)'와 지킴 또는 깨어 있음의 '쇼케드'는 아몬드나무가 봄에 잎이 나기 전 꽃이 피기 때문에 여호와의 지켜 주심을 강조하며 하나님께서 고통의 시기에 미리 도와주신다는 의미이다.

창 28:19에서 '루즈(luz)'는 땅의 이름으로 백성들이 아몬드나무처럼 귀한 존재임을 나타내고 있다.

꽃

열매

상수리나무 (테레빈나무, Terebinth tree)

야곱이 모든 이방신들을 묻은 곳

학명 Pistacia palaestina Boiss. (옻나뭇과: Anacardiaceae) **히브리명** 엘라(elah), 알라(alah), 보텐
(boten) **원산지** 지중해 연안 **개화기** 3~4월

성경참조 창 35:4, 수 24:26, 삿 6:11, 6:19, 삼상 17:2, 17:19, 삼하 18:9-10, 18:14, 왕상 13:14, 대상 10:12,
사 1:29-30, 6:13, 57:5, 겔 6:13, 호 4:13

관련 성경 구절

➤ 창세기 35장 4-5절

4. 그들이 자기 손에 있는 모든 이방 신상과 자기 귀에 있는 고리를 야곱에게 주는지라 야곱이 그것들을 세겜 근처 상수리나무 아래 묻고

5. 그들이 발행하였으나 하나님이 그 사면 고을들로 크게 두려워하게 하신 고로 야곱의 아들들을 추격하는 자가 없었더라

➤ 사무엘상 17장 2-3절

2. 사울과 이스라엘 사람들이 모여서 엘라 골짜기에 진치고 블레셋 사람을 대하여 항오를 벌였으니

3. 블레셋 사람은 이편 산에 섰고 이스라엘은 저편 산에 섰고 사이에는 골짜기가 있었더라

식물의 특징

이스라엘에서 자라는 상수리나무는 옻나뭇과로 날개향엽수를 번역한 것으로 느티나무처럼 잎이 무성하고 아름답다. 높이가 2~10m 정도 자라고 잎은 끝이 뾰족한 연한 붉은색으로 우상 복엽(羽狀複葉)으로 나 있다. 꽃은 잎이 없이 원추 화서(圓錐花序)로 뭉쳐 피고 암술이 수술보다 꽃의 길이가 약간 길게 핀다.

식물 관련 의미

성경에 나오는 상수리나무는 두 종류로, 서로 다른 나무이다. 그중 옻나뭇과의 테레빈나무(영명: Terebinth tree)로 히브리어 '엘라(elah)'를 가리킨다.

창 35:4에서는 야곱이 모든 이방 신들을 상수리나무 아래에 묻는다. 삼상 17:2에서 다윗이 골리앗을 이긴 테레빈 계곡은 테레빈나무가 무성히 자라던 계곡이다. 삼하 18:14에서는 다윗의 군대에게 쫓기던 다윗의 아들 압살롬이 상수리나무 가운데서 요압에게 죽임을 당한다.

성경에서는 향엽수(상수리나무, 테레빈나무)를 가리켜 히브리어로 각각 해석되어 있다.

엘라-창 35:4, 삿 6:11, 6:19, 삼하 18:9, 왕상 13:14, 대상 10:12, 겔 6:13, 호 4:13

알라-수 24:26　　　엘림-사 1:29, 6:13, 57:5　　　엘라이-삼상 17:2, 17:19

잎

열매

까맣게 익어 추출한 열매

서양 박태기나무 (유다나무, Judas tree, Red bud)

가룟 유다가 목매어 죽은 나무

학명 Cercis siliquastrum L. (콩과) 히브리명 클릴 하오레쉬(klli hahorhs) 원산지 지중해 연안, 유럽 남부, 서아시아 개화기 1~2월

성경참조 마 27:5

관련 성경 구절 마태복음 27장 3-5절

3. 그 때에 예수를 판 유다가 그의 정죄됨을 보고 스스로 뉘우쳐 그 은 삼십을 대제사장들과 장로들에게 도로 갖다 주며

4. 이르되 내가 무죄한 피를 팔고 죄를 범하였도다 하니 그들이 이르되 그것이 우리에게 무슨 상관이냐 네가 당하라 하거늘

5. 유다가 은을 성소에 던져 넣고 물러가서 스스로 목매어 죽은지라

식물의 특징

낙엽 관목으로 3~6m 정도 자란다. 붉은 빛의 잔가지가 있으며 잎은 7~8cm의 둥근 하트 모양을 하고 있다. 꽃의 모양과 향이 라일락꽃과 비슷하다. 박태기나무란 이름은 꽃 모양이 밥풀데기처럼 생겼다고 해서 박태기나무로 불린다.

식물 관련 의미

영명이 유다나무(Judas tree)로 가룟 유다가 목매어 죽은 나무라고 해서 유다 나무로 불리며 전해져 내려오고 있다. 더러운 죄인이 목매어 죽었다 하여 부끄러움에 흰 꽃을 피우던 나무가 붉은 꽃과 붉은 가지로 변하게 되었다는 이야기가 구전으로 전해 내려온다.

유럽 남부와 서아시아에서 많이 볼 수 있는 나무이다.

꽃

가지

석류나무 (Pomegranate)

율법서에 포함된 613개의 명령과 열매 안의 씨가 613개로 일치되는 나무 열매

학명 Punica granatum L. (석류나뭇과)   **히브리명** 림몬(rimmon)   **원산지** 지중해 연안, 인도, 페르시아
개화기 4~6월
성경참조 출 28:33−34, 39:24−26, 민 13:23, 20:5, 신 8:8, 삼상 14:2, 왕상 7:18, 7:20, 7:42, 왕하 25:17, 대하 3:16, 4:13, 아 4:3, 4:13, 6:7, 6:11, 7:12, 8:2, 렘 52:22−23, 욜 1:12, 학 2:19

관련 성경 구절　　출애굽기 28장 31-34절

31. 너는 에봇 받침 겉옷을 전부 청색으로 하되
32. 두 어깨 사이에 머리 들어갈 구멍을 내고 그 주위에 갑옷 깃 같이 깃을 짜서 찢어지지 않게 하고
33. 그 옷 가장자리로 돌아가며 청색 자색 홍색실로 석류를 수놓고 금방울을 간격하여 달되
34. 그 옷 가장자리로 돌아가며 한 금방울, 한 석류, 한 금방울, 한 석류가 있게 하라

식물의 특징

　석류나무는 낙엽 교목으로 석류나뭇과이다. 높이는 3~5m 정도 자라며 진녹색의 작은 잎과 가지에는 작은 가시들이 있다. 꽃과 열매는 빨간색이다. 열매는 초록색에서 익으면 빨간색으로 변하는데 열매를 반쪽으로 쪼개 보면 작은 알맹이가 촘촘하게 보석처럼 박혀 있으며, 씨는 즙이 있는 작은 알갱이로 꽉 차 있어 알맹이를 씹으면 과즙과 함께 그 맛이 새콤달콤하다. 열매는 1년이 지나면 껍질이 검게 변해 잉크로도 사용하며, 나무는 200년까지 자생할 수 있는 생명력을 가지고 있다.

식물 관련 의미

　석류나무는 출 23:33, 39:24-26에서는 대제사장의 복장인 '에봇의 겉옷'의 가장자리 장식으로 사용되었다.

　신 8:8에서는 석류나무가 이스라엘에서 아주 귀한 7가지 농산물 중의 하나로, 나무의 열매는 가나안을 정탐하러 간 사람들이 이스라엘로 가지고 온 것 중 하나였다.

　아 4:3에서는 사랑하는 여인의 뺨을 석류의 빨간 열매로 비유하고 있다. 유대인 전통에서 석류나무는 의(righteousness)를 의미하는데 이는 석류 열매의 씨가 613개로 율법서에 나타난 하나님의 명령과 일치한다고 믿었기 때문이다.

나사렛 마을에서의 석류나무

석류 열매

석류는 알갱이를 주스로 갈아 먹기도 함.

소돔 사과 (Apple of sodom)

식물 이름을 도시 이름으로 사용한 나무

학명 Calotropis procera Ait. fil. (박주가릿과)　히브리명 타프아흐 스돔(tafah sodom)　원산지 지중해 연
안, 수단, 인도 북부　개화기 3월
성경참조 창 19:28, 렘 17:5-6

관련 성경 구절   창세기 19장 27~29절

27. 아브라함이 그 아침에 일찌기 일어나 여호와의 앞에 섰던 곳에 이르러
28. 소돔과 고모라와 그 온 들을 향하여 눈을 들어 연기가 옹기점 연기 같이 치밀음을 보았더라
29. 하나님이 들의 성들을 멸하실 때 곧 롯의 거하는 성을 엎으실 때에 아브라함을 생각하사 롯을 그 엎으시는 중에서 내어 보내셨더라

식물의 특징

박주가릿과로 높이는 3~5m 정도 자란다. 줄기는 코르크처럼 골이 파였으며 가지와 잎에서는 진액이 나오는데 진액에는 독 성분이 있다. 꽃은 안쪽이 자주색이며 바깥쪽은 흰색과 연녹색이다. 꽃은 3월에 피기 시작하며, 열매는 속이 비어 있고 안에는 털이 있는데 만지면 터지면서 솜 같은 것들이 날린다.

소돔 사과는 겉모양이 사과처럼 먹음직스럽게 생겼으나 속은 비어 있어 손으로 만지기만 해도 터져 버린다.

식물 관련 의미

창 19:28에서 나오는 소돔은 소돔 사과 나무를 도시의 이름으로 사용한 것이다. 도시는 아름다우나 사람들의 죄악으로 하나님이 심판한 도시이다. 소돔 사과의 겉모습은 사과처럼 먹음직스럽고 아름다우나 속은 비어 있어 먹을 수 없으며, 저주받은 도시를 상징하여 붙여진 이름이다. 줄기와 잎에 독이 있어 아프리카에서는 이 독을 화살 끝에 발라 사용하였으며 우물에도 사용하였다. 독성이 강하기 때문에 나무 그늘이 있지만 사람들은 그곳을 피해 다닌다.

꽃

열매

아브라함나무 (아브라함 관목, 서양목형, Bind)

아브라함이 이삭을 결박할 때 정결의 끈으로 사용했던 나무

학명 Vitex agnus-castus L. (마편초과) 히브리명 아카드(akad) 원산지 지중해 연안 개화기 5~9월
성경참조 창 22:9

관련 성경 구절   창세기 22장 8-12절

8. 아브라함이 가로되 아들아 번제할 어린 양은 하나님이 자기를 위하여 친히 준비하시리라 하고 두 사람이 함께 나아가서

9. 하나님이 그에게 지시하신 곳에 이른지라 이에 아브라함이 그 곳에 단을 쌓고 나무를 벌여 놓고 그 아들 이삭을 결박하여 단 나무 위에 놓고

10. 손을 내밀어 칼을 잡고 그 아들을 잡으려 하더니

11. 여호와의 사자가 하늘에서부터 그를 불러 가라사대 아브라함아 아브라함아 하시는지라 아브라함이 가로되 내가 여기 있나이다 하매

12. 사자가 가라사대 그 아이에게 네 손을 대지 말라 아무 일도 그에게 하지 말라 네가 네 아들 네 독자라도 내게 아끼지 아니하였으니 내가 이제야 네가 하나님을 경외하는 줄을 아노라

식물의 특징

아브라함 관목은 히브리어 아카드(akad)로 '묶다, 결박하다'의 뜻으로 삼손을 묶었던 푸른 칡(삿 16:7)과는 다른 식물이며 줄기를 끈으로 사용할 정도로 질기다. 잎과 열매에는 성욕을 억제하는 성분이 들어 있어 수도원의 후추로 알려져 있다. 성욕 억제를 위해 수도사들이 많이 이용하고, 또한 유럽에서는 순결의 의미로 순결 나무로 불린다. 잎과 열매가 자궁 염증 치료제, 월경 불순, 젖 분비 촉진제 등 여러 용도의 약재로 쓰이며 포도주에 잎을 담근 후 우려내 마신다.

식물 관련 의미

아브라함이 하나님 말씀에 순종하여 아들 이삭을 번제물로 드리기 위해 모리산으로 향하였다. 모리산에 도착한 아브라함이 아들 이삭을 제단 위에 결박하기 위해 준비해 갔던 끈이 아브라함 관목 줄기였을 가능성이 있는 것으로 학자들은 보고 있다. 모리산 정상을 가는 길목에 아브라함 관목이 곳곳에 자생하고 있다.

지금도 이스라엘에서는 이 나무를 아브라함 관목으로 부르며 유럽 등지에서는 아브라함나무로 부르고 있다.

열매

꽃

아카시아 (싯딤, 조각목, Acacia)

성막의 기둥이나 법궤를 만드는 데 최상의 목재로 사용된 나무

학명 Acacia raddiana Savi (콩과)   **히브리명** 쉬타(shittah), 쉬팀(shittim)   **원산지** 수단, 아프리카 동부
개화기 4~5월, 8~11월
성경참조 쉬타(shittah) / 출 25:5, 25:10, 25:13, 25:23, 25:28, 26:15, 26:26, 26:32, 26:37, 27:1, 27:6, 30:1, 30:5, 35:7, 35:24, 36:20, 36:31, 36:36, 37:1, 37:4, 37:10, 37:15, 37:25, 37:28, 38:1, 38:6, 신 10:3, 사 41:19
쉬팀(shittim) / 민 25:1, 민 33:49, 수 2:1, 3:1, 호 5:2, 욜 3:18, 미 6:5

관련 성경 구절

➤ **출애굽기 25장 3-5절**

3. 너희가 그들에게서 받을 예물은 이러하니 금과 은과 놋과
4. 청색 자색 홍색실과 가는 베실과 염소털과
5. 붉은 물들인 숫양의 가죽과 해달의 가죽과 조각목과

➤ **여호수아 2장 1절**

1. 눈의 아들 여호수아가 싯딤에서 두 사람을 정탐으로 가만히 보내며 그들에게 이르되 가서 그 땅과 여리고를 엿보라 하매 그들이 가서 라합이라 하는 기생의 집에 들어가 거기서 유숙하더니

식물의 특징

콩과며 아프리카 열대 지방의 건조하면서 사막과 같은 뜨거운 곳에 서식한다. 키는 3~5m로 자라며 가지에는 날카로운 가시가 있고 잎은 가늘게 갈라지며 연노란색의 꽃이 핀다. 꽃 안에는 꼬리 모양의 씨앗이 맺혀 있다. 아프리카, 아라비아, 인도, 호주 등 건조한 지역에 넓게 분포되어 있다. 나무껍질이 붉은 갈색으로 가지마다 가시가 있는 것과 없는 것 등 다양하게 분포되어 있다. 나뭇가지가 우산 모양으로 그늘이 있어 사막을 지날 때 뜨거운 태양을 피할 수 있는 고마운 나무이다.

식물 관련 의미

성경에 나오는 히브리명인 '쉬타(shittah)'는 싯딤, 조각목으로 아카시아나무류를 말하며 식물에 들어가는 '쉬타(shittah)'는 단수이며 '쉬팀(shittim)'은 복수로 이는 장소를 가리키는 것으로 시나이 반도와 팔레스타인 남부 지역에 널리 분포되어 있다.

장소에 해당하는 구절(민 25:1, 33:49, 수 2:1, 3:1, 호 5:2, 욜 3:18, 미 6:5)은 수 19:35에 나타난 것처럼 여호수아가 정탐꾼을 보냈던 성읍이다. 싯딤은 여리고 맞은편에 있으며 지금도 이곳에는 많은 싯딤나무가 자생한다. 시나이 반도에 서식하는 아카시아류는 이스라엘 사람들에게 성막의 기둥이나 법궤를 만드는 데 꼭 필요한 최상의 목재로 사용되었다.

가시가 돋친 줄기

꽃

무성한 잎

알레포소나무 (감람나무, 들감람나무, Aleppo pine)

초막을 짓는 데 사용된 특별한 나무 중 하나

학명 Pinus halepensis Mill (소나뭇과) **히브리명** 에쯔 쉐멘(ats shemen) **원산지** 지중해 연안
개화기 3~4월
성경참조 느 8:15, 왕상 6:23, 6:31-33, 사 41:19, 60:13

관련 성경 구절   열왕기상 6장 30 - 34절

30. 내외 전 마루에는 금으로 입혔으며
31. 내소에 들어가는 곳에는 감람목으로 문을 만들었는데 그 문 인방과 문설주는 벽의 오분지 일이요
32. 감람목으로 만든 그 두 문짝에 그룹과 종려와 핀 꽃을 아로새기고 금으로 입히되 곧 그룹들과 종려에 금으로 입혔더라
33. 또 외소의 문을 위하여 감람목으로 문설주를 만들었으니 곧 벽의 사분지 일이며
34. 그 두 문짝은 잣나무라 이 문짝도 두 짝으로 접게 되었고 저 문짝도 두 짝으로 접게 되었으며

식물의 특징

소나뭇과의 상록 교목으로 높이가 20m까지 자라는 상록 침엽수이다. 생장이 빠르고 100~150년 정도까지 살 수 있다. 잎은 2개씩 달리고 길이는 15cm 정도이다. 가지는 1년에 두 마디 이상 자라며 밑가지부터 수평으로 펴지며 위로 향해 있다. 열매는 2년 뒤에 성숙하며 솔방울이 가지에 달려 있다. 레바논 개잎 갓나무, 이태리 편백나무, 향나무 등과 가깝다.

식물 관련 의미

에쯔 쉐멘(ats shemen)은 초막을 짓는 데 사용된 중요한 나무 중 하나이다. 소나무에는 향기가 있어 초막의 그늘만 제공한 것뿐 아니라 향기로운 냄새 때문에 사용되었을 것으로 보고 있다. 히브리어 에쯔 쉐멘(ats shemen)은 기름 나무라는 뜻으로 송진이 많은 소나무류가 맞을 것으로 학자들은 보고 있다. 특히 성경 시대에는 지중해 소나무가 성지에 널리 분포되어 있었다. 유대인 거주 지역인 북부 쪽에는 지중해 소나무와 비슷한 소나무가 많이 분포되어 있어 올리브나무가 지중해 소나무로 해석되었다. 왕상 6:23, 31-32에서 에쯔 쉐멘은 성전의 그룹과 문설주를 만드는 데 사용되었다.

솔방울

솔방울

지중해역에 있는 소나무

올리브나무 (감람나무, Olive)

순수한 기름의 원료가 된 나무

학명 Olea europaea L. (물푸레나뭇과)   **히브리명** 자이트(zaith)   **원산지** 서아시아, 지중해 연안
개화기 3~5월

성경참조 창 8:11, 출 23:11, 27:20, 레 24:2, 신 6:11, 8:8, 24:20, 삿 9:8-9, 15:5, 삼상 8:14, 왕하 5:26, 18:32, 대
상 27:28, 느 8:15, 9:25, 욥 15:33, 시 5:28, 128:3, 사 17:6, 24:13, 41:19, 렘 11:16, 호 14:16, 암 4:9, 합
3:17, 학 2:19, 슥 4:3, 4:11, 4:12, 마 21:1, 24:3, 막 11:1, 13:3, 눅 19:29, 21:37, 롬 11:17, 약 3:12, 계 11:4

관련 성경 구절

➤ **출애굽기 27장 20절**

20. 너는 또 이스라엘 자손에게 명하여 감람으로 찧어 낸 순결한 기름을 등불을 위하여 네게로 가져오게 하고 끊이지 말고 등불을 켜되

➤ **로마서 11장 17절**

17. 또한 가지 얼마가 꺾여졌는데 돌감람나무인 네가 그들 중에 접붙임이 되어 참감람나무 뿌리의 진액을 함께 받는 자 되었은즉

식물의 특징

물푸레나뭇과의 상록 교목으로 생장이 느려 심은 지 7년이 지나야 열매를 맺는다. 높이는 10m까지 자란다. 잎은 긴 타원형으로 회색빛을 띠고 두꺼우며 가장자리가 밋밋하다. 잎의 표면은 녹색이고 뒤쪽은 은백색이다. 어린 나무일 때는 은백색이지만 자라면서 진한 검은빛으로 변한다. 꽃은 흰색으로 3~5월에 사이에 핀다. 열매는 2cm 정도이고 열매 안쪽은 딱딱하고 녹색에서 황색을 띠며 변하면서 11월쯤엔 검게 익는다. 올리브나무는 기원전 3700년 전부터 재배하였던 것으로 알려진다. 오늘날 열매는 가공하여 올리브기름으로 사용되고 있다.

식물 관련 의미

올리브나무는 성경 시대의 유대인들에게는 7가지 중요한 식물 중의 하나였다. 바위산과 같은 척박한 땅에서 자라며 갈릴리와 사마리아 및 유대 땅 산지 경사면에서 흩어져서 풍성한 숲을 형성한다. 창 8:11의 노아의 홍수 이야기에서도 올리브 잎은 평화를 상징하는 새로운 삶의 희망을 말하고 있다. 신 8:8에서는 하나님이 축복하시는 땅에는 올리브나무(감람나무)가 풍성하게 자라고 있다고 했고, 롬 11:17에서는 참올리브나무와 돌올리브나무의 비교를 통해 참올리브나무의 좋은 가지에서의 접붙힘에 대해 말하고 있다.

나사렛 마을에서 본 오래된 올리브나무

올리브 잎

올리브 열매

월계수 (Laurel, Bay tree, Bay, Sweet Bay)

우상을 만드는 데 사용된 나무

학명 Laurus nobilis L. (녹나뭇과) 히브리명 오렌(oren) 원산지 지중해 연안, 남부 유럽 개화기 3~4월
성경참조 시 37:35, 사 44:14-15

관련 성경 구절   이사야 44장 13-15절

13. 목공은 줄을 늘여 재고 붓으로 긋고 대패로 밀고 정규로 그어 사람의 아름다움을 따라 인형을 새겨 집에 두게 하며
14. 그는 혹 백향목을 베이며 혹 디르사나무와 상수리나무를 취하며 혹 삼림 중에 자기를 위하여 한 나무를 택하며 혹 나무를 심고 비에 자라게도 하나니
15. 무릇 이 나무는 사람이 화목을 삼는 것이어늘 그가 그것을 가지고 자기 몸을 더웁게도 하고 그것으로 불을 피워서 떡을 굽기도 하고 그것으로 신상을 만들어 숭배하며 우상을 만들고 그 앞에 부복하기도 하는구나

식물의 특징

월계수는 암나무와 수나무가 따로 분류되는 상록 교목 활엽수로 높이는 15m 안팎으로 자란다. 가지와 잎이 무성하고 녹색의 잔가지에는 털이 있다. 긴 타원형의 잎은 길이가 8cm 정도이고 두께는 2.5~3cm로 두꺼우며 가장자리는 밋밋하다. 꽃은 3~4월에 황색 꽃이 피는데 잎겨드랑이에서 자라며 꽃대 끝에 모여 핀다. 열매는 포도 크기만 하고 그 안에는 한 개의 씨를 가지고 있다. 잎은 비비면 향기가 나며 그늘에 말려 요리나 화장품 등의 향료로 활용한다. 월계수는 지중해 연안과 갈릴리 유대 산지 전체에 덤불과 숲을 이루며 자란다.

식물 관련 의미

성경 시대에도 월계수 잎을 화관으로 만들어 승자들에게 주는 명예의 표시로 사용하였다. 로마인들도 이 나뭇가지를 이용해 월계관을 만들어 존경하는 인물이나 승자에게 주었는데, 로마 황제들에게도 씌어졌다. 시 37:35에서는 잎이 무성함에 대한 허세를 말하고 있으며, 사 44:14-15에서는 우상을 만드는 것에 사용되었다. 행 14:13, 고전 9:25, 딤후 2:5, 벧전 5:4에서는 승리의 화관으로 월계수 잎이 사용되었을 것으로 보고 있다. 그러나 월계수가 우상을 만드는 데 사용된 나무로, 악인의 허세를 상징하는 데 주로 사용된 것으로 보고 있다.

월계수 잎줄기

월계수 잎

월계관

위성류 (에셀나무, Leafless tamarisk)

아브라함이 여호와께 예배를 드리기 위해 심었던 나무

학명 Tamarix aphylla Karst. (위성류과) **히브리명** 에셀(ashel) **원산지** 팔레스타인, 수단 **개화기** 7~11월
성경참조 창 21:33, 삼상 22:6, 31:13

68

관련 성경 구절

➤ **창세기 21장 32−34절**

32. 그들이 브엘세바에서 언약을 세우매 아비멜렉과 그 군대장관 비골은 떠나 블레셋 족속의 땅으로 돌아갔고
33. 아브라함은 브엘세바에 에셀나무를 심고 거기서 영생하시는 하나님 여호와의 이름을 불렀으며
34. 그가 블레셋 족속의 땅에서 여러 날을 지내었더라

➤ **사무엘상 22장 6−7절**

6. 사울이 다윗과 그와 함께 있는 사람들이 나타났다 함을 들으니라 때에 사울이 기브아 높은 곳에서 손에 단창을 들고 에셀나무 아래 앉았고 모든 신하들은 그 곁에 섰더니
7. 사울이 곁에 선 신하들에게 이르되 너희 베냐민 사람들아 들으라 이새의 아들이 너희에게 각기 밭과 포도원을 주며 너희로 천부장, 백부장을 삼겠느냐

식물의 특징

위성류는 관목으로 상록수이다. 매우 건조한 곳에서 자생하는데 높이는 10m 정도 자라며 지름이 1m에 이른다. 가지는 아랫부분에서부터 올라오고 뿌리가 땅속으로 3m나 깊이 내리고, 가지는 갈색과 회녹색을 띠며 광합성을 이룬다. 잎은 비늘처럼 겹겹이 짧게 나 있으며 꽃은 가을에 피고 연분홍색의 자잘한 모양이 줄기 끝에 이삭 모양으로 핀다. 물을 흡수하여 소비하는 특수한 기능이 있어 소금을 밖으로 배출하기도 한다.

식물 관련 의미

창 21:33에서 아브라함이 브엘세바에서 여호와의 이름을 부르며 에셀나무를 심고 예배했다. 삼상 22:6에서 사울왕은 기브아에서 에셀나무 아래에 앉아 신하에게 얘기한다. 그러나 삼상 31:13에서는 다윗이 사울과 그의 아들들의 뼈를 에셀나무 아래 묻어 주었다. 에셀나무는 거룩한 장소로 사용되었다. 성경에서 에셀나무는 영적이고 거룩한 참나무라는 것을 보여 준다.

꽃

지중해에서 자라는 에셀나무

유향 (유향나무, Frankincense)

동방 박사들이 아기 예수의 탄생을 축하하며 드린 선물 중 하나

학명 Boswellia sacra Fluckiger (감람과) **히브리명** 레보나(levonah) **원산지** 중동, 아프리카 동부
개화기 3~4월
성경참조 출 30:34, 레 2:1-2, 5:11, 6:15, 24:7, 대상 9:29, 느 13:5, 사 43:23, 렘 6:20, 아 3:6, 4:6, 마 2:11,
눅 1:8-9, 히 7:25, 계 8:3, 8:5

관련 성경 구절　　마태복음 2장 5-11절

5. 가로되 유대 베들레헴이오니 이는 선지자로 이렇게 기록된 바
6. 또 유대 땅 베들레헴아 너는 유대 고을 중에 가장 작지 아니하도다 네게서 한 다스리는 자가 나와서 내 백성 이스라엘의 목자가 되리라 하였음이니이다
7. 이에 헤롯이 가만히 박사들을 불러 별이 나타난 때를 자세히 묻고
8. 베들레헴으로 보내며 이르되 가서 아기에 대하여 자세히 알아보고 찾거든 내게 고하여 나도 가서 그에게 경배하게 하라
9. 박사들이 왕의 말을 듣고 갈새 동방에서 보던 그 별이 문득 앞서 인도하여 가다가 아기 있는 곳 위에 머물러 섰는지라
10. 저희가 별을 보고 가장 크게 기뻐하고 기뻐하더라
11. 집에 들어가 아기와 그 모친 마리아의 함께 있는 것을 보고 엎드려 아기께 경배하고 보배합을 열어 황금과 유향과 몰약을 예물로 드리니라

식물의 특징

유향나무는 감람과의 관목이며 24종으로 구성되어 있다. 높이는 3~10m이고 잎은 7~9개의 작은 잎으로 가장자리는 톱니바퀴 모양을 하고 있다. 꽃은 흰색이고 녹색의 반점이 있다. 나무에서는 진액이 저절로 흘러나오며 나무에 상처를 내면 빠르게 진액이 흘러나온다. 이 진액은 반들거리고 황색이나 적색을 띠고 있으며 향기가 강하고 쓴맛이 나며 향료나 약용으로 쓰인다.

식물 관련 의미

고대 이스라엘의 성막에서 종교 예식을 위해 피웠던 향료의 원료이며 향료를 피웠을 때 이때 타오르는 연기가 나선형을 이루며 위로 올라가는 모양에 자신들의 소원이 하늘로 올라간다고 믿었던 것으로 전해진다. 느 13:5에서는 성전에 보관하는 보물 중의 하나로 여겼다. 마 2:11에서 동방 박사들이 예수께 경배 드리기 위해 가져왔던 선물 중 하나이기도 하다. 유향은 이집트는 물론 고대인들이 시체를 처리할 때 사용한 향료로서 매우 중요하게 여겼던 향품 중 하나이다.

유향나무

유향나무에서 나오는 유액

유향

유향나무 (피스타치오나무, 비자나무, Pistachio)

학명 Pistacia vera L. (옻나뭇과)   히브리명 보트님(botnim)   원산지 팔레스타인, 소아시아, 시리아
개화기 4월
성경참조 창 43:11

관련 성경 구절　　창세기 43장 11-14절

11. 그들의 아비 이스라엘이 그들에게 이르되 그러할진대 이렇게 하라 너희는 이 땅의 아름다운 소산을 그릇에 담아 가지고 내려가서 그 사람에게 예물을 삼을지니 곧 유향 조금과 꿀 조금과 향품과 몰약과 비자와 파단행이니라
12. 너희 손에 돈을 배나 가지고 너희 자루 아구에 도로 넣여 온 그 돈을 다시 가지고 가라 혹 차착이 있었을까 두렵도다
13. 네 아우도 데리고 떠나 다시 그 사람에게로 가라
14. 전능하신 하나님께서 그 사람 앞에서 너희에게 은혜를 베푸사 그 사람으로 너희 다른 형제와 베냐민을 돌려 보내게 하시기를 원하노라 내가 자식을 잃게 되면 잃으리로다

식물의 특징

비자나무는 언뜻 참나무와 비슷해 보이지만 잎이 풍성하며 날개 모양으로 높이 6~8m까지 자란다. 낙엽 교목으로 4월에 꽃이 피는데 꽃 모양이 원추 화서(圓錐花序)로 8~9월 초가 되면 붉은빛의 열매가 익어 껍질이 벗겨지며 한쪽이 벌어진다. 겨울 동안에는 가지에 잎이 하나도 없어 앙상하다.

식물 관련 의미

비자나무는 히브리어 '보트님(botnim)'으로, 열매는 창 43:11에서 야곱의 아들들이 양식을 구하기 위해 애굽으로 가면서 총리에게 줄 선물로 비자를 다른 예물들과 함께 가져갔다. 여기서 나오는 유향이 창 35:4에 나오는 "상수리나무 아래 묻은" 것으로, 히브리명 '엘른'은 여기서는 피스타치오나무로 해석된다. 팔레스타인 피스타치오나무는 대부분 수풀이 우거진 산지에서 자라는데 참나무류와 함께 자라기도 한다. 타원형의 견과는 날것이나 볶아서 먹기도 하는데 야곱의 아들들이 애굽으로 가져간 견과일 것으로 보고 있다.

열매

꽃

잎

은매화 (화석류나무, Myrtle, Common myrtle)

유대인들이 초막절에 초막을 짓는 데 사용된 나무

학명 Myrtus Communis L. (도금양과) 히브리명 하다스(hadas) 원산지 지중해 연안 개화기 4~8월
성경참조 느 8:15, 사 41:19, 55:13, 슥 1:8-11

관련 성경 구절

➤ **느헤미야 8장 14-15절**

14. 율법책을 본즉 여호와께서 모세로 명하시기를 이스라엘 자손은 칠월 절기에 초막에 거할지니라 하였고

15. 또 일렀으되 모든 성읍과 예루살렘에 공포하여 이르기를 너희는 산에 가서 감람나무 가지와 들감람나무 가지와 화석류나무 가지와 종려나무 가지와 기타 무성한 나뭇가지를 취하여 기록한 바를 따라 초막을 지으라 하라 하였는지라

➤ **이사야 55장 12-13절**

12. 너희는 기쁨으로 나아가며 평안히 인도함을 받을 것이요 산들과 작은 산들이 너희 앞에서 노래를 발하고 들의 모든 나무가 손바닥을 칠 것이며

13. 잣나무는 가시나무를 대신하여 나며 화석류는 질려를 대신하여 날 것이라 이것이 여호와의 명예가 되며 영영한 표징이 되어 끊어지지 아니하리라 하시니라

식물의 특징

화석류나무는 상록 교목의 도금양과의 관목이며 높이가 3m 정도 자란다. 잎은 단단하며 가지와 잎이 서로 엉켜서 자라고 서로 빽빽하게 마주나기로 가장자리가 밋밋하고 나선형으로 나며 향기가 있다. 꽃은 흰색으로 잎겨드랑이에서 꽃잎이 나며 열매는 진한 청색이다. 건조한 지역에서 자라는 나무는 단단하고 무늬가 아름다워 목재로도 사용된다.

식물 관련 의미

느 8:15에서는 초막의 재료로 감람나무와 종려나무를 비롯하여 화석류나무가 사용되었다. 오늘날에도 유대인들의 전통인 초막절의 초막에는 화석류나무를 사용한다고 한다. 이사야서에는 찔레가 자라던 땅에 화석류나무가 자라는 것으로 되어 있고, 이사야 선지자는 화석류를 회복과 축복의 의미로 사용하였다. 가시가 많은 찔레보다 향기가 좋은 화석류나무가 자라는 것은 그 땅에 축복이 있다는 의미이다. 스가랴의 환상에서도 가시나무를 대신해서 자라는 나무로 화석류나무를 사용했다.

화석류나무

열매

꽃

이태리 편백나무 (노송나무, 잣나무, Evergreen cypress)

노아가 만든 방주의 재료 중 하나

학명 Cupressus sempervirens I. (측백나뭇과) 히브리명 브로쉬(berosh), 브로트(bberoth), 고페르(gofer), 테아슈르(te'ashur), 티드하르(tidhar) 원산지 지중해 동부 연안, 유럽 남부 개화기 3~5월

성경참조 브로쉬(berosh) / 삼하 6:5, 시 104:17, 사 37:24, 41:19, 55:13, 겔 31:8, 호 14:8, 나 2:3

브로팀(berothim) / 아 1:17   고페르(gofer) / 창 6:14

테아슈르(te'ashur) / 사 41:19, 60:13, 겔 27:6

티드하르(tidhar) / 사 41:19, 60:13

관련 성경 구절

➤ **창세기 6장 13-14절**

13. 하나님이 노아에게 이르시되 모든 혈육 있는 자의 강포가 땅에 가득하므로 그 끝날이 내 앞에 이르렀으니 내가 그들을 땅과 함께 멸하리라

14. 너는 잣나무로 너를 위하여 방주를 짓되 그 안에 간들을 막고 역청으로 그 안팎에 칠하라

➤ **호세아 14장 8절**

8. 에브라임의 말이 내가 다시 우상과 무슨 상관이 있으리요 할지라 내가 저를 돌아보아 대답하기를 나는 푸른 잣나무 같으니 네가 나로 말미암아 열매를 얻으리라 하리라

식물의 특징

측백나뭇과의 상록 교목으로 내구성이 매우 뛰어나다. 높이가 20~30m까지 자라며 가지가 빗자루 모양이나 촛불 모양을 하고 위로 향하여 자라는데 가끔 옆으로 퍼지며 자르는 변종도 있다. 열매인 솔방울 속에는 씨앗이 10~20개 정도 들어 있다. 이 씨앗은 식용으로 사용한다.

식물 관련 의미

히브리어 브로쉬(berosh)는 이태리 편백나무와 전나무류, 향나무류를 포함하고 있다. 창 6:14에서 고페르(gofer, 역칭)는 이태리 편백나무로 노아의 방주를 만드는 데 사용하였다. 실제로 이 나무가 아라랏산에서 발견되었으며 주후 6~7세기에 속했던 참나무로 밝혀졌다. 호 14:8에서 브로쉬(berosh, 푸르다)는 사철 내내 푸르른 마음을 의미하며, 사 41:19에서 히브리어 테아슈르(te'ashur)는 목재를 뜻하고 있다. 아 1:17에서 브로팀(berothim)은 들보의 서까래를 말하고 있다. 티드하르(tidhar)는 사막에 심는 견고한 나무를 말하고 있다.

솔방울

이태리 편백

잣

지중해딸기 (검은딸기, 산딸기, Brambles)

붉은 열매가 석양에 비쳐 나무에 불이 타오르는 것 같아 불꽃나무로 불림.

학명 Rubus sanguineus Friv. (장미과) 히브리명 쯔니님(tseninim), 짼(tsen) 원산지 지중해 연안
개화기 3~4월
성경참조 민 33:55, 수 23:13, 욥 5:5, 잠 22:5, 눅 6:44

관련 성경 구절

➤ **민수기 33장 54−56절**

54. 너희의 가족을 따라서 그 땅을 제비뽑아 나눌 것이니 수가 많으면 많은 기업을 주고 적으면 적은 기업을 주되 각기 제비뽑힌 대로 그 소유가 될 것인즉 너희 열조의 지파를 따라 기업을 얻을 것이니라

55. 너희가 만일 그 땅 거민을 너희 앞에서 몰아내지 아니하면 너희의 남겨 둔 자가 너희의 눈에 가시와 너희의 옆구리에 찌르는 것이 되어 너희 거하는 땅에서 너희를 괴롭게 할 것이요

56. 나는 그들에게 행하기로 생각한 것을 너희에게 행하리라

➤ **여호수아 23장 13절**

13. 정녕 알라 너희 하나님 여호와께서 이 민족들을 너희 목전에서 다시는 쫓아내지 아니하시리니 그들이 너희에게 올무가 되며 덫이 되며 너희 옆구리에 채찍이 되며 너희 눈에 가시가 되어서 너희가 필경은 너희 하나님 여호와께서 너희에게 주신 이 아름다운 땅에서 멸절하리라

식물의 특징

장미과의 덩굴성 관목으로 산딸기속에 속한다. 줄기와 가지 전체에 굵고 짧은 가시가 나 있고 검은딸기라고도 불리며 산딸기도 이에 속한다. 이스라엘 중북부 지역인 습한 곳에서 잘 자라며 꽃은 가지 끝에 모여달기하며 분홍색 또는 흰색으로 핀다. 작은 잎이 5~6개 있으며 가장자리에는 톱니처럼 나 있다. 열매는 여름이 지나갈 때쯤 붉은색에서 검은색으로 변하면서 익는다. 석양과 함께 비친 붉은 열매 때문에 나무에 불이 타오르는 것 같다 하여 불꽃나무라 불리기도 한다.

식물 관련 의미

히브리어 쯔니님(tseninim)은 가시덤불을 뜻하며 성경에 나오는 여러 가시나무 종류 중 하나로 보고 있다. 민 33:55와 수 23:13에서 쯔니님(tseninim)은 복수 명사로 정복할 땅에 거류민을 남겨 놓을 경우 그들은 적이 되어 이스라엘 백성들에게 가시가 되어 고통을 줄 것을 은유적으로 암시한다.

암 4:2에서는 갈고리로, 잠 22:5에서는 마음이 비뚤어진 사람에게 가시가 있다고 말한다.

가시

딸기

참나무 (상수리나무, Oak)

타볼참나무 (Quercus ithaburensis Decne) / 성지참나무 (Q. calliprinos Webb.) / '강하다'라는 뜻을 가진 나무

학명 Quercus spp (참나뭇과)　**히브리명** 엘론(ellon), 알론(allon)　**원산지** 지중해 연안　**개화기** 3~4월
성경참조 엘론(ellon) / 창 12:6, 13:18, 14:13, 18:1, 신 11:30, 수 19:33, 삿 4:11, 9:6, 9:37, 삼상 10:3, 겔 27:6, 호 4:13
알론(allon) / 35:8, 사 2:13, 6:13, 44:14, 암 2:9, 슥 11:2

관련 성경 구절

➤ **창세기 12장 6-9절**

6. 아브람이 그 땅을 통과하여 세겜 땅 모레 상수리나무에 이르니 그 때에 가나안 사람이 그 땅에 거하였더라

7. 여호와께서 아브람에게 나타나 가라사대 내가 이 땅을 네 자손에게 주리라 하신지라 그가 자기에게 나타나신 여호와를 위하여 그 곳에 단을 쌓고

8. 거기서 벧엘 동편 산으로 옮겨 장막을 치니 서는 벧엘이요 동은 아이라 그가 그 곳에서 여호와를 위하여 단을 쌓고 여호와의 이름을 부르더니

9. 점점 남방으로 옮겨 갔더라

➤ **아모스 2장 8-9절**

8. 모든 단 옆에서 전당 잡은 옷 위에 누우며 저희 신의 전에서 벌금으로 얻은 포도주를 마심이니라

9. 내가 아모리 사람을 저희 앞에서 멸하였나니 그 키는 백향목 높이와 같고 강하기는 상수리나무 같으나 내가 그 위의 열매와 그 아래의 뿌리를 진멸하지 아니하였느냐

식물의 특징

참나뭇과의 낙엽 교목이며 높이는 10~25m 정도 자란다. 둘레는 5.5m이며 지면에서부터 가지가 뻗어 자라며 둥근 열매는 잘 알려진 도토리 열매로 가루를 이용해 식재료로 사용한다. 타볼참나무는 겨울에도 잎들이 그대로 있어 푸르른 모습을 볼 수 있다.

식물 관련 의미

이스라엘 산지에 서식하는 3종의 참나무류 중 2종의 참나무류에는 타볼참나무인 엘론(ellon)과 일반 성지참나무인 알론(allon)이 있다. 우리말로는 참나무, 상수리나무로 번역된다. 암 2:9에서는 '참나무(알론, allon)가 힘을 상징하는 나무로 병이 들어도 죽지 않고 새순이 자라 큰 키가 된다.'라는 의미를 갖고 있다.

창 12:6의 '강하다'란 뜻을 가진 '울(aul)'로부터 파생된 '엘론(ellon)'은 상수리나무처럼 재질이 강하며 병충해도 잘 견디는 나무를 가리킨다. 일반적으로 많은 학자들은 상수리나무를 고대 이교도들이 신탁(oracle)을 받을 때 사용하던 '예언자의 나무'로 보기도 한다.

잎

원목 밑동

목자재

캐럽콩 (쥐엄나무, Carob, Locust tree, St. John's bread)

세례 요한의 빵으로 부른 나무 열매

학명 Ceratonia siliqua L. (콩과: Caesalpiniaceae)　히브리명 하루브(charuv)　원산지 지중해 연안
개화기 8~11월
성경참조 눅 15:16

관련 성경 구절 누가복음 15장 15-17절

15. 가서 그 나라 백성 중 하나에게 붙여 사니 그가 저를 들로 보내어 돼지를 치게 하였는데

16. 저가 돼지 먹는 쥐엄 열매로 배를 채우고자 하되 주는 자가 없는지라

17. 이에 스스로 돌이켜 가로되 내 아버지에게는 양식이 풍족한 품꾼이 얼마나 많은고 나는 여기서 주려 죽는구나

식물의 특징

쥐엄나무는 아라비아반도와 이스라엘 지역에서 흔하게 자라는 상록 교목의 콩과(科)이다. 높이가 2~10m 정도이며 가지가 구불구불 웨이브를 지며 서로 엉키면서 자란다. 잎은 진녹색이며 우상복합형(羽狀複合形)으로 6~8개가 서로 마주나며 하트 모양으로 가장자리가 밋밋하다.

꽃은 암수딴그루이지만 암수한그루도 있다. 꽃잎은 없고 붉은색의 길고 우툴두툴한 꽃봉오리가 있다. 녹색의 실 모양 끝에 난형의 꽃밥이 있어 자유로이 흔들리는 수술이 5개이며, 암술대는 짧은 방패 모양이며 강아지 배설물 같은 고약한 냄새가 난다. 가을에 꽃이 피고 다음 해인 여름에 열매가 익으면서 진갈색으로 변하고 단맛을 낸다. 당도가 높아 예전엔 사람들이 먹기도 하고 가축 사료로도 사용되었다. 이 열매의 씨앗 1개의 무게를 보석의 무게를 달 때의 중량의 기준으로 삼기도 했다.

식물 관련 의미

캐럽콩은 히브리어인 '하루브(charuv)'로 이스라엘의 토종나무이다. 해안 지역이나 가파른 산지에서 자라며 열매는 동물들의 먹이였으나 열매가 익으면 달콤한 과즙이 있어 성서 시대에는 먹을 것이 귀한 가난한 사람들이 즐겨 찾았던 것으로 보인다.

눅 15:16에서는 쥐엄나무가 짐승들이 먹는 열매로 굶주린 자들에겐 그것마저도 귀한 열매였음을 알 수 있다.

이스라엘에서는 쥐엄나무가 흔하며 열매의 당분이 매우 높아 세례 요한이 광야에 있을 때 먹을 것이 없어 쥐엄나무 열매를 먹었을 것이라고 여겨 이스라엘에서는 지금도 쥐엄나무 열매를 세례 요한의 빵이라고 부른다.

까맣게 익은 열매

수확한 열매

페니키아향나무 (아로엘, Phoenician juniper)

식물 이름이 지명으로 사용됨.

학명 Juniperus phoenicia L. (측백나뭇과) **히브리명** 아로에르(aroer) **원산지** 지중해 연안 **개화기** 4월
성경참조 민 32:34, 신 2:36, 4:18, 수 12:2, 13:25, 삿 11:33, 삼상 30:28, 삼하 24:5, 왕하 10:33, 대상 5:8, 11:44

관련 성경 구절

➤ **민수기 32장 33-34절**

33. 모세가 갓 자손과 르우벤 자손과 요셉의 아들 므낫세 반 지파에게 아모리인의 왕 시혼의 국토와 바산 왕 옥의 국토를 주되 곧 그 나라와 그 경내 성읍들과 그 성읍들의 사면 땅을 그들에게 주매

34. 갓 자손은 디본과 아다롯과 아로엘과

➤ **신명기 2장 36-37절**

36. 우리 하나님 여호와께서 그 모든 땅을 우리에게 붙이심으로 아르논 골짜기 가에 있는 아로엘과 골짜기 가운데 있는 성읍으로부터 길르앗에까지 우리가 모든 높은 성읍을 취하지 못한 것이 하나도 없었으나

37. 오직 암몬 족속의 땅 압복 강가와 산지에 있는 성읍들과 무릇 우리 하나님 여호와께서 우리의 가기를 금하신 곳은 네가 가까이 하지 못하였느니라

➤ **역대상 5장 8절**

8. 벨라니 벨라는 아사스의 아들이요 세마의 손자요 요엘의 증손이라 그가 아로엘에 살면서 느보와 바알므온까지 다다랐고

식물의 특징

측백나뭇과의 상록 침엽 교목으로 높이는 5m까지 자라며 수백 년 동안을 가지가 서로 엉키면서 자란다. 잎은 서로 마주나기로 나거나 톱니바퀴처럼 지그재그로 난다. 잎 뒷면에는 점액이 있고 열매는 둥글고 윤기가 있으며 황갈색이다. 열매 속에는 3~6개의 씨앗이 들어 있다.

식물 관련 의미

히브리어 아로에르(aroer)는 성경에서 지명을 가리키는데 아랍어인 아로엘(aroel)로 향나무를 가리킨다. 고대 근동 시대에는 식물 이름을 지명 이름으로 사용하는 경우가 흔히 있는 일이며, 이스라엘 북쪽 지역에 위치한 아로에르는 향나무가 많이 자라는 곳으로 나무 이름을 그대로 지명으로 사용한 것으로 보인다. 대상 11:44에서 다윗의 용사 중 한 사람이 아로엘 지역에 살았다고 나온다.

잎

열매

꽃

포도나무 (Grape, Vine)

노아가 취하도록 마셨던 술의 재료

학명 Vitis vinifera L. (포도과) **히브리명** 게펜(gefen), 암펠로스(ampelos) **원산지** 지중해 연안, 서부 아시아 **개화기** 3~4월

성경참조 창 9:20-21, 49:11, 레 19:10, 26:5, 민 6:3, 13:23, 18:27, 신 22:9, 32:32, 마 7:16-20, 9:17, 막 2:22, 눅 6:44, 요 15:1, 고전 9:7, 계 14:19

관련 성경 구절

➤ **창세기 9장 20−21절**

20. 노아가 농업을 시작하여 포도나무를 심었더니

21. 포도주를 마시고 취하여 그 장막 안에서 벌거벗은지라

➤ **누가복음 6장 44−45절**

44. 나무는 각각 그 열매로 아나니 가시나무에서 무화과를, 또는 찔레에서 포도를 따지 못하느니라

45. 선한 사람은 마음의 쌓은 선에서 선을 내고 악한 자는 그 쌓은 악에서 악을 내나니 이는 마음의 가득한 것을 입으로 말함이니라

식물의 특징

포도과의 낙엽 활엽 덩굴성 식물로 높이는 3m 내외이다. 잎은 어긋나기하고 원형이며 홑잎으로 3~5 갈래로 얕게 갈라진다. 꽃은 3~4월에 황녹색으로 원뿔 모양으로 피며 수술은 5개로 암수한그루와 암수딴그루가 있으며 수술대 사이에는 꿀샘이 있다.

식물 관련 의미

포도나무는 유대인의 생활에 중요한 농작물 중 하나이며 포도나무와 열매는 성경에서 자주 비유적으로 언급된 식물이다.

창 9:20−21에서는 노아가 포도나무를 처음으로 가꾸어 결실을 맺었지만 포도주를 취하도록 마셔서 실수를 범하고 말았다. 막 2:22에서는 예수님께서 새로 담근 포도주는 새 항아리에 보관하기 마련이라고 말씀하셨다.

이 밖에도 성경에는 포도와 관련된 비유들이 많이 나온다. 민 13:23의 가나안 정탐꾼들이 포도를 베어 막대기에 꿰어 메고 돌아왔으며 민 13:27에서는 포도 농사가 잘되는 것을 보고 모세가 젖과 꿀이 흐르는 땅이라고 말한다. 포도 농사가 잘되는 것은 물이 흐르고 있다는 것으로 풍요로움을 의미한다. 요 15:1에서는 예수님께서 나는 참 포도나무요 내 아버지는 농부라고 말씀하셨다.

나사렛 마을에 있는 포도나무

포도나무

알알이 익은 포도송이

피네아소나무 (디르사나무, Stone pine)

우상을 만들고 새긴 나무

학명 Pinus pinea L. (소나뭇과) 히브리명 티르자(tirzah) 원산지 지중해 연안 개화기 3~4월
성경참조 사 44:14

관련 성경 구절　　이사야 44장 11−15절

11. 보라 그 동류가 다 수치를 당할 것이라 그 장색들은 사람이라 그들이 다 모여 서서 두려워하며 함께 수치를 당할 것이니라
12. 철공은 철을 숯불에 불리고 메로 치고 강한 팔로 괄리므로 심지어 주려서 기력이 진하며 물을 마시지 아니하여 곤비하며
13. 목공은 줄을 늘여 재고 붓으로 긋고 대패로 밀고 정규로 그어 사람의 아름다움을 따라 인형을 새겨 집에 두게 하며
14. 그는 혹 백향목을 베이며 혹 디르사나무와 상수리나무를 취하며 혹 삼림 중에 자기를 위하여 한 나무를 택하며 혹 나무를 심고 비에 자라게도 하나니
15. 무릇 이 나무는 사람이 화목을 삼는 것이어늘 그가 그것을 가지고 자기 몸을 더웁게도 하고 그것으로 불을 피워서 떡을 굽기도 하고 그것으로 신상을 만들어 숭배하며 우상을 만들고 그 앞에 부복하기도 하는구나

식물의 특징

　피네아소나무는 높이 30m 정도, 지름이 1m 정도 되는 소나뭇과의 상록 교목이다. 스트로브 잣나무라고도 하며 나무 모양이 우산처럼 보이기 때문에 산송(傘松)이라고도 불린다. 우리나라에서 자라는 우산 소나무와 지중해 연안에서 자라는 피네아소나무는 차이가 있다. 수피는 녹갈색으로 밋밋하다. 잎은 2개씩 달리고 선형이며 길이는 10~15cm이다. 꽃은 황녹색으로 장타원형인 암꽃과 원관형인 수꽃이 있으며 황녹색으로 핀다. 종자는 15~20mm 정도 길이로 두께가 7mm 정도로 날개는 없으며 열매와 같이 떨어진다. 씨앗은 잣처럼 먹었다는 기록이 있다. 기원전 79년에 베스비오의 화산 폭발로 매몰됐던 폼페이의 옛터를 발굴하던 중 꿀에 재여 있던 솔잣 병을 발견했다는 보고가 있다.

솔잎

식물 관련 의미

　사 44:14에서 디르사나무는 우상을 새긴 나무로 나무의 종류는 정확하지 않지만 새 번역에는 삼나무라고 번역되어 있다. 아마도 우상을 만드는 데 쓰였을 것으로 보고 있으며, 이사야 선지자는 우상이 만들어지는 과정을 말하면서 이스라엘이 별 생각과 의미도 없이 백향목과 디르사나무를 우상의 재료로 쓰기도 하고 자기들의 일상생활의 도구로도 쓰는 어리석음을 한탄하고 있다.

솔방울과 잣

호두나무 (Walnut)

술람미 여인이 거닐었던 호도 동산

학명 Juglans regia L. (가래나뭇과: Juglandaceae)　**히브리명** 에고즈(egoz)　**원산지** 페르시아, 인도 북부, 코카서스　**개화기** 3~4월

성경참조 아 6:11

관련 성경 구절　　아가 6장 10−14절

10. 아침 빛 같이 뚜렷하고 달 같이 아름답고 해 같이 맑고 기치를 벌인 군대 같이 엄위한 여자가 누구인가
11. 골짜기의 푸른 초목을 보려고 포도나무가 순이 났는가 석류나무가 꽃이 피었는가 알려고 내가 호도 동산으로 내려갔을 때에
12. 부지중에 내 마음이 나로 내 귀한 백성의 수레 가운데 이르게 하였구나
13. 돌아오고 돌아오라 술람미 여자야 돌아오고 돌아오라 우리로 너를 보게 하라
14. 너희가 어찌하여 마하나임의 춤추는 것을 보는 것처럼 술람미 여자를 보려느냐

식물의 특징

호두나무는 가래나뭇과에 속하는 낙엽 교목으로, 높이가 20m 정도 자란다. 나무껍질은 갈색으로 밋밋하고 잔가지는 회녹색으로 잔털이 나 있다. 열매는 9~10월이 되면 핵과(核果)가 익는다. 껍질은 둥글고 딱딱하다. 껍질 안의 과육인 호두는 뇌에 좋다는 연구 결과가 있다. 꽃은 암꽃과 수꽃이 서로 다르게 피며 암꽃 한 그루는 작은 꽃이 위를 향해 피어 있다. 수꽃은 아래를 향해 처져 있다. 열매는 9~10월쯤 익으면 둥근 열매 안의 핵과인 호두가 땅에 떨어진다.

식물 관련 의미

아 6:11−12에서는 술람미 여인이 골짜기로 포도나무와 석류나무에 꽃이 피었는가를 보려고 호도 동산으로 내려갔다.

학명 'Juglans'의 의미는 '쥬피터(제우스)에게 바치는 열매'라는 뜻으로 호두나무의 학명은 두 가지로, 페르시아 호두(Persian Walnut)와 동양 호두(Orient Walnut)로 나누어진다. 동양 호두는 호두나무가 서진(西進)을 하면서 얻은 이름으로 짐작된다.

열매

페르시아 호두는 로마 시대 때부터 다산(多産)의 상징으로 결혼을 하면 호두를 던져 축하의 의미로 사용되었다.

'호도(胡桃)'나 '호두'는 다 같은 뜻으로 '호두'가 표준어로 사용되고 있지만 성경에는 번역에 따라 '호도' 또는 '호두'로 번역되어 있다. 우리나라에서는 약용, 과자, 식용으로 많이 쓰이며 나무는 목재로도 사용된다.

호두

흑단나무 (오목, 당목, Ebony)

물품을 무역할 때 들여왔던 나무

학명 Diospyros ebonum Koenig (감나뭇과)　**히브리명** 호브님(hovnam)　**원산지** 인도, 에티오피아
성경참조 겔 27:15

관련 성경 구절　에스겔 27장 14-16절

14. 도갈마 족속은 말과 전마와 노새를 가지고 네 물품을 무역하며
15. 드단 사람은 네 장사가 되었음이여 여러 섬이 너와 통상하여 상아와 오목을 가져 네 물품을 무역하였도다
16. 너의 제조품이 풍부하므로 아람은 너와 통상하였음이여 남보석과 자색 베와 수놓은 것과 가는 베와 산호와 홍보석을 가지고 네 물품을 무역하였도다

식물의 특징

흑단나무는 상록 교목으로 성경(개역개정)에는 박달나무로 번역되어 있으나 박달나무와 흑단은 전혀 다르다. 잎은 단엽으로 타원형이며 가장자리가 매끈하고 길이는 10cm 정도이다. 꽃은 작은 종 모양으로 붉은색을 띤다. 열매는 감 모양으로 지름은 2cm 정도로 나무에 많이 열린다. 줄기가 처음에는 연한 흰색이나 자라면서 검고 딱딱해진다. 재질이 견고하여 주로 고급 가구, 장식품, 악기 등을 제작하는 데 상아와 함께 많이 사용된다.

흑단은 해독(解毒)을 하는 특성을 가지고 있어 고대 인도에서는 왕이 사용하는 그릇에 목재를 사용하기도 했다.

식물 관련 의미

겔 27:15에서 드단 사람들은 두로에 가서 흑단나무를 팔아 다른 생필품과 바꾸어 쓰기도 했다. 에스겔서에서 에스겔 당시 성지에서는 오목이 자라지 않았기 때문에 정확히 흑단나무인지는 알 수 없으나 물품을 교역한 것으로 보아 아프리카에서 들여오지 않았을까 하는 추측만 있을 뿐이다. '호브님(hovnam)'은 '단단하다'의 의미로 조직이 단단하여 땅에 떨어져도 쇳소리가 날 정도로 육질이 쉽게 변형이 안 된다.

밑동

나무껍질

성경
식물사전

성경에 나오는 식물
Biblical plants

꽃과
잡초

가라지 [독보리(Darnel), 쭉정이, Tare weed's]

곡식과 함께 자라는 유해한 식물로 일명 쭉정이라 함.

학명 Lolium temulentum L. (볏과: Gramineae)   **원산지** 유럽, 시베리아, 지중해 연안, 이란, 터키
개화기 3~6월
성경참조 마 13:24-30, 13:36-40

관련 성경 구절   마태복음 13장 24-30절

24. 예수께서 그들 앞에 또 비유를 베풀어 가라사대 천국은 좋은 씨를 제 밭에 뿌린 사람과 같으니
25. 사람들이 잘 때에 그 원수가 와서 곡식 가운데 가라지를 덧뿌리고 갔더니
26. 싹이 나고 결실할 때에 가라지도 보이거늘
27. 집주인의 종들이 와서 말하되 주여 밭에 좋은 씨를 심지 아니하였나이까 그러면 가라지가 어디서 생겼나이까
28. 주인이 가로되 원수가 이렇게 하였구나 종들이 말하되 그러면 우리가 가서 이것을 뽑기를 원하시나이까
29. 주인이 가로되 가만 두어라 가라지를 뽑다가 곡식까지 뽑을까 염려하노라
30. 둘 다 추수 때까지 함께 자라게 두어라 추수 때에 내가 추수꾼들에게 말하기를 가라지는 먼저 거두어 불사르게 단으로 묶고 곡식은 모아 내 곳간에 넣으라 하리라

식물의 특징

가라지[헬라명: 지자니온(zizanion)]는 독보리(darnel)의 일종으로 '가짜 밀'이라고 불린다. 일반적으로 쭉정이라고 불리기도 하며 부실한 알곡을 말한다. 싹의 모습이 밀이나 보리와 흡사하여 구별이 어려워 밀의 이삭이 완전히 익어 추수할 때까지 기다려 뽑는다. 독보리를 잘못하여 먹으면 설사, 구토, 복통을 일으키고, 심할 경우 목숨을 잃게 될 수도 있다. 그러나 독을 약으로 사용하는 곳도 있다.

식물 관련 의미

마 13:24-30에서 원수가 밀 씨를 뿌린 밀밭에 가라지(독보리) 씨를 뿌린 것에 대해 예수께서는 악한 자를 가라지로 비유하여 말씀하시고, 또한 사람들을 의의 자리에서 넘어지게 하는 자, 곧 불법과 부정을 행하는 자들의 결실을 가라지로 비유하셨다. 가라지는 곡식에 유해한 식물(잡초)로 밀과 모양이 비슷해 육안으로 구별하기 어려워 추수 때까지 기다려야 구별이 가능하며, 추수 때 곡식만 거두고 가라지는 불태운다.

줄기

가라지 무리

길가 밭

가시덤불 (토르네폴티 군데리아, Tumble thistle, Tumbleweed)

바람에 흩날리는 아무 쓸모없는 가시덤불

학명 Gundelia toumefortii I. (국화과) 히브리명 갈갈(galgal) 원산지 팔레스타인, 이란, 터키
개화기 3~5월
성경참조 시 83:13-14, 사 17:13

관련 성경 구절　　시편 83편 9-15절(아삽의 시)

9. 주는 미디안인에게 행하신 것 같이, 기손 시내에서 시스라와 야빈에게 행하신 것 같이 저희에게도 행하소서
10. 그들은 엔돌에서 패망하여 땅에 거름이 되었나이다
11. 저희 귀인으로 오렙과 스엡 같게 하시며 저희 모든 방백으로 세바와 살문나와 같게 하소서
12. 저희가 말하기를 우리가 하나님의 목장을 우리의 소유로 취하자 하였나이다
13. 나의 하나님이여 저희로 굴러가는 검불 같게 하시며 바람에 날리는 초개 같게 하소서
14. 삼림을 사르는 불과 산에 붙는 화염 같이
15. 주의 광풍으로 저희를 쫓으시며 주의 폭풍으로 저희를 두렵게 하소서

식물의 특징

　가시덤불인 토르네폴티 군데리아(gundelia tourneforrtii)는 중동에 널리 퍼져 있는 식물이다. 국화과의 여러해살이풀이며 높이가 1m가량으로 잎에는 큰 가시가 나 있다. 늦은 봄에서 초여름에 노란색의 꽃이 뭉쳐 핀다. 줄기와 잎은 약용으로 쓰이며 중동 지역에는 가시 있는 식물들이 많이 서식한다. 이른 봄에 잎이 어리고 부드러운 것은 채소로 먹기도 하지만, 잎이 자라면 잎이 마르고 가시가 날카롭게 변하며 후에는 전체가 둥근 모양이 되고 줄기 한 부분이 부러지며 굴러다니다가 씨를 흩날려 길가에서 자란다.

식물 관련 의미

　가시덤불은 불행한 결과를 나타낼 때 표현하는 말로 사용된다. 가시덤불의 잎과 줄기가 마르고 바람이 세차게 불면 줄기 밑부분이 끊어지면서 둥글게 공처럼 뭉쳐서 바람을 타고 길가에 굴러다니거나 흩날린다. 가시가 돋아 있어 사람에게 해가 되는 식물로 주로 땔감으로 사용하거나 불살라 태워서 없애기도 한다. 아삽이 하나님께 기도할 때 적을 향해 가시덤불과 초개 같게 해 주기를 원했다고 나와 있다. 시 83:13과 사 17:13에 나오는 히브리명인 '갈갈(galgal)'은 토르네폴티 군데리아(gundelia tourneforrtii)와 칼리살소라(prickly saltwort 러시아엉겅퀴) 또는 회전초(tumbleweed)라고도 불린다.

꽃

꽃

가시덤불

가시풀감 (가시, Gray nightshade)

게으른 자가 감당해야 할 험난한 길을 가리키는 식물

학명 Solanum incanum L. (가짓과)　히브리명 헤데크(chedeq)　원산지 팔레스타인, 수단　개화기 4~8월
성경참조 잠 15:19, 미 7:4

관련 성경 구절

➤ **잠언 15장 18−19절**

18. 분을 쉽게 내는 자는 다툼을 일으켜도 노하기를 더디하는 자는 시비를 그치게 하느니라
19. 게으른 자의 길은 가시 울타리 같으나 정직한 자의 길은 대로니라

➤ **미가 7장 1−4절**

1. 재앙이로다 나여 나는 여름 실과를 딴 후와 포도를 거둔 후 같아서 먹을 송이가 없으며 내 마음에 사모하는 처음 익은 무화과가 없도다
2. 이와 같이 선인이 세상에서 끊쳤고 정직자가 인간에 없도다 무리가 다 피를 흘리려고 매복하며 각기 그물로 형제를 잡으려 하고
3. 두 손으로 악을 부지런히 행하도다 그 군장과 재판자는 뇌물을 구하며 대인은 마음의 악한 사욕을 발하며 서로 연락을 취하니
4. 그들의 가장 선한 자라도 가시 같고 가장 정직한 자라도 찔레 울타리보다 더하도다 그들의 파수꾼들의 날 곧 그들의 형벌의 날이 임하였으니 이제는 그들이 요란하리로다

식물의 특징

가짓과의 반관목으로 팔레스타인과 수단 등지가 원산지이다. 사해 부근에서 자라며 아프리카 남쪽과 인도 북부까지 분포한다. 높이는 1m 정도이며 여러 갈래의 줄기와 잎에는 잔가시가 촘촘히 박혀 있다. 꽃잎은 5개로 자주색과 보라색이며 꽃은 4~8월에 피고 감자 꽃과 비슷하게 생겼다. 꽃이 지고 나면 방울토마토 모양과 비슷한 열매가 열리는데 열매가 마르면서 압력이 팽창되어 터지면서 씨앗이 바닥으로 흩어져 날린다.

식물 관련 의미

게으른 자가 앞으로 겪어야 할 험난한 길을 '헤데크(chedeq, 가시)'와 같다고 표현했다. 이스라엘 땅 곳곳에 가시풀감이 많아 잠시만 방심하면 길을 막아 버린다는 의미의 표현이다.

미가는 "가시와 찔레 울타리"를 이스라엘 백성 전체가 타락하여 악을 행하고 어떤 선한 행동을 한다 하여도 이스라엘의 죄악은 극에 달해 있음을 표현하는 데 가시 울타리를 사용하였다.

가시풀감

꽃

꽃

노랑사리풀 (싁그론, Henbane)

도시 지역의 특성상 붙여진 이름

학명 Hyoscyamus aureus L. (가짓과: Solanaceae) 히브리명 쉐케론(shkelon) 원산지 지중해 연안, 터키
개화기 2~6월
성경참조 수 15:11

관련 성경 구절　여호수아 15장 8-12절

8. 또 힌놈의 아들의 골짜기로 올라가서 여부스 곧 예루살렘 남편 어깨에 이르며 또 힌놈의 골짜기 앞 서편에 있는 산 꼭대기로 올라가나니 이 곳은 르바임 골짜기 북편 끝이며

9. 또 이 산꼭대기에서부터 넵도아 샘물까지 이르러 에브론 산 성읍들에 미치고 또 바알라 곧 기럇 여아림에 미치며

10. 또 바알라에서부터 서편으로 돌이켜 세일 산에 이르러 여아림 산 곧 그살론 곁 북편에 이르고 또 벧 세메스로 내려가서 딤나로 지나고

11. 또 에그론 북편으로 나아가 식그론에 이르러 바알라 산에 미치고 얍느엘에 이르나니 그 끝은 바다며

12. 서편 경계는 대해와 그 해변이니 유다 자손이 그 가족대로 얻은 사면 경계가 이러하니라

식물의 특징

가짓과의 다년생 식물로 30~50cm 정도이며 아래에서부터 가지가 서로 갈라져 위로 올라오면서 서로 엉켜서 자란다. 잎은 타원형으로 주름이 잡혀 있으며 선상모(腺狀毛)로 덮여 있어 까칠하다. 꽃은 나팔 모양으로 노란색이며 꽃잎은 끝부분이 갈라져 있다. 꽃 안쪽은 진한 자주색이다. 수술과 암술은 꽃잎 밖으로 길게 돌출되어 나와 있고 자주색이다. 삭과(蒴果)는 꽃받침 안쪽에 들어 있다. 잎과 줄기, 꽃 모두 잔털로 덮여 있는 것이 특징이며 독성이 강해 약용으로도 사용한다.

식물 관련 의미

수 15:11에서 에그론 북쪽에 있는 식그론은 지명을 설명하고 있다. '식그론'은 유다 지파 땅의 배분을 설명하면서 북쪽 경계선에 있는 지명을 가리키는 것으로 이곳은 노랑사리식물이 많이 자라는 곳으로 지명 이름을 식물명에서 따온 것으로 보고 있다. 성경에서는 많은 지명을 부를 때 그 지역의 특성에 따라 부르다가 자연스럽게 공식 지명이 된 경우를 흔하게 볼 수 있다.

히브리어인 '쉐케론(shkelon)'은 '술 취한'의 뜻을 지니고 있으며, 노랑사리풀(식그론)은 독성이 강한 식물로 독한 것에 취한 것을 의미하는 것으로 보인다.

이 식물은 이스라엘 성지 어느 곳에서나 볼 수 있는 흔한 식물이다.

노랑사리풀

꽃

꽃망울

독초 (독당근, Poison hemlock, Herb bennet, Gall, Venom)

독초 식물 중 하나

학명 Conium maculatum L. (산형과: Umbelliferae) 히브리명 로쉬(rosh) 원산지 유럽, 시베리아, 지중해 연안 개화기 4~8월

성경참조 신 29:18, 32:32-33, 욥 20:16, 시 69:21, 렘 8:14, 9:15, 23:15, 애 3:5, 3:19-20, 호 10:4, 암 6:12

관련 성경 구절

➤ **시편 69편 20-22절**

20. 훼방이 내 마음을 상하여 근심이 충만하니 긍휼히 여길 자를 바라나 없고 안위할 자를 바라나 찾지 못하였나이다
21. 저희가 쓸개를 나의 식물로 주며 갈할 때에 초로 마시웠사오니
22. 저희 앞에 밥상이 올무가 되게 하시며 저희 평안이 덫이 되게 하소서

➤ **호세아 10장 2-4절**

2. 저희가 두 마음을 품었으니 이제 죄를 받을 것이라 하나님이 그 제단을 쳐서 깨치시며 그 주상을 헐으시리라
3. 저희가 이제 이르기를 우리가 여호와를 두려워 아니하므로 우리에게 왕이 없거니와 왕이 우리를 위하여 무엇을 하리요 하리로다
4. 저희가 헛된 말을 내며 거짓 맹세를 발하여 언약을 세우니 그 재판이 밭이랑에 돋는 독한 인진 같으리로다

식물의 특징

독초는 산형과 식물이며 이년생이다. 높이가 1~2.5m 정도로 자라며 원줄기에서 곁가지가 많이 난다. 줄기는 녹색이며 뿌리는 원뿔 모양이다. 줄기는 매끈하고 뿌리 전체에 강한 독성분이 있다. 잎은 어긋나기로 가늘게 갈라지며 잎 모양이 레이스 같이 생겼다. 산형과의 전호(前胡)처럼 생겼으나 독이 있어 독전호(毒前胡), 또는 독당근이라 불린다. 꽃은 산형 화서(傘形花序)이고 흰색으로 작은 꽃잎이 핀다.

식물 관련 의미

히브리어인 '로쉬(rosh)'는 독이 있는 식물을 말하는 것으로, 특정한 식물을 포함한 독이 있는 성분의 여러 식물들을 포함하는 것으로 보고 있다.

시 69:21에서는 '로쉬(rosh)'를 쓸개로 번역하였다. 그 외에 독, 담즙, 독초, 악독, 인진 등으로도 번역되어 있다. 렘 8:14에서 예레미야 선지자는 유다 백성에게 앞으로 닥칠 상황에 대해 독한 물을 마시게 될 것을 예언한다.

호 10:4에서는 거짓 맹세로 하나님을 배신하는 것을 독초(인지)와 같다고 하셨다.

독전호

꽃

꽃

독초 (독미나리, 독풀, Poison hemlock, Herb bennet)

독사의 맹독으로 불리는 풀

학명 Conium maculatum L. (산형과)　**히브리명** 로쉬(rosh)　**원산지** 유럽, 시베리아, 지중해 연안
개화기 4~8월

성경참조 신 29:18, 32:32−33, 욥 20:16, 시 69:22, 렘 8:14, 9:15, 23:15, 애 3:5, 3:19−20, 호 10:4, 암 6:12,
　마 27:34

관련 성경 구절

➤ **신명기 29:18-19**

18. 너희 중에 남자나 여자나 가족이나 지파나 오늘날 그 마음이 우리 하나님 여호와를 떠나서 그 모든 민족의 신들에게 가서 섬길까 염려하며 독초와 쑥의 뿌리가 너희 중에 생겨서

19. 이 저주의 말을 듣고도 심중에 스스로 위로하여 이르기를 내가 내 마음을 강퍅케 하여 젖은 것과 마른 것을 멸할지라도 평안하리라 할까 염려함이라

➤ **마태복음 27장 32-36절**

32. 나가다가 시몬이란 구레네 사람을 만나매 그를 억지로 같이 가게 하여 예수의 십자가를 지웠더라

33. 골고다 즉 해골의 곳이라는 곳에 이르러

34. 쓸개 탄 포도주를 예수께 주어 마시게 하려 하였더니 예수께서 맛보시고 마시고자 아니하시더라

35. 저희가 예수를 십자가에 못 박은 후에 그 옷을 제비뽑아 나누고

36. 거기 앉아 지키더라

식물의 특징

'로쉬(rosh)'는 쓰고 독이 있는 특정한 식물을 가키는 것으로 일반적으로 쓸개, 독풀과 같은 여러 종류의 식물을 포함한다. '로쉬(rosh)'는 독으로 번역되며 당근과 같은 과에 속한다. 1.5~2.5m까지 자라며 줄기는 매끈하고 초록색 줄무늬로 아래를 향하고 있다. 꽃은 줄기 끝에 흰색으로 우산 모양으로 핀다. 회녹색의 잎은 여러 갈래로 나 있으며 솜털처럼 잔털이 나 있다. 독미나리는 고대 그리스 시대에 진정제 등과 같은 의약품으로 사용되었다.

식물 관련 의미

독미나리의 독은 '코닌(conine)'이라고 부르는데, 곧 죽음을 말하는 것이다.

신 32:33의 "그들의 포도주는 뱀의 독이요 독사의 맹독이라."에서는 뱀이 가지고 있는 독을 말하며, 쓴 나물은 '로쉬(rosh)'로 독이 든 나물을 가리킨다. 마 27:34에서 예수께서 맛보시고 마시지 않으려 했던 쓸개는 쓴 나물의 즙을 말한다. 잎과 뿌리에서는 강한 쓴맛이 나며 쓴 나물은 예수의 고통을 강조한 것이다.

독미나리

꽃

잎

들박 (사막박, 독수박, 들외, Wild gourd)

위장병 치료제와 설사약으로 사용된 식물

학명 Citrullus colocynthis (L.) Schrad. (박과) 히브리명 게펜쓰돔(gefen sedom), 파쿠오트 싸데 (paquoth sadeh) 원산지 사하라, 아라비아 개화기 3~4월

성경참조 신 32:32, 왕하 4:39

관련 성경 구절

➤ 신명기 32장 32-33절 / 게펜쓰돔(gefen sedom)

32. 그들의 포도나무는 소돔의 포도나무요 고모라의 밭의 소산이라 그들의 포도는 쓸개 포도니 그 송이는 쓰며

33. 그들의 포도주는 뱀의 독이요 독사의 악독이라

➤ 열왕기하 4장 39-41장 / 파쿠오트 싸데(paquoth sadeh)

39. 한 사람이 채소를 캐러 들에 나가서 야등덩굴을 만나 그것에서 들외를 따서 옷자락에 채워가지고 돌아와서 썰어 국 끓이는 솥에 넣되 저희는 무엇인지 알지 못한지라

40. 이에 퍼다가 무리에게 주어 먹게 하였더니 무리가 국을 먹다가 외쳐 가로되 하나님의 사람이여 솥에 사망의 독이 있나이다 하고 능히 먹지 못하는지라

41. 엘리사가 가로되 그러면 가루를 가져오라 하여 솥에 던지고 가로되 퍼다가 무리에게 주어 먹게 하라 하매 이에 솥 가운데 해독이 없어지니라

식물의 특징

들호박, 들포도 덩굴, 독수박 등 사막 박덩굴은 멜론, 오이, 조롱박 덩굴과 같으며, 뿌리가 땅속 깊숙이 있으며 자라면서 줄기들이 바닥으로 뻗치듯 울타리나 담장에 달라붙어 자란다. 잎은 삼각형 모양이며 잎은 여러 갈래로 나뉘어 있다. 꽃은 노란색으로 사과 크기의 열매가 열린다. 껍질은 딱딱하고 그 안에는 흰색이나 갈색의 씨가 있다. 잎과 줄기, 꽃 모두 잔털로 덮여 있는 게 특징이며 독성이 강해 약용으로도 사용한다.

식물 관련 의미

왕하 4:39에 나타난 히브리명인 '파쿠오트 싸데(paquoth sadeh)'가 통칭어이며 시나이와 서쪽 네게브에 사는 아랍 사람들은 이 당시 사막박을 약재 시장에 팔기도 했다. 사막박은 지중해 지역과 서아시아 도처에서 자란다. 열매를 말려 가루를 내어 위장병을 치료하는 약재로 사용했으며 설사약으로도 알려져 있다. 열왕기하서에는 엘리사가 들호박을 솥에 넣고 끓여 사람들에게 주니 사람들이 먹다가 독이 있는 것을 알고 소리치자, 엘리사가 열매 가루를 솥에 넣고 다시 끓이자 독이 없어지고 사람들이 약재로 먹을 수가 있었다.

산기슭에서 자라는 호박

호박

호박

들의 백합(들의 꽃, 들풀)류 (Lily of field)

들에 피어 있는 각종 아름다운 꽃

히브리명 슈산(shushan), 쇼산(shoshan), 쇼사나(shoshanah)
성경참조 마 6:28−29, 눅 12:27−28, 시 103:15, 사 40:6−8

관련 성경 구절

➤ **마태복음 6장 25−29절**

25. 그러므로 내가 너희에게 이르노니 목숨을 위하여 무엇을 먹을까 무엇을 마실까 몸을 위하여 무엇을 입을까 염려하지 말라 목숨이 음식보다 중하지 아니하며 몸이 의복보다 중하지 아니하냐

26. 공중의 새를 보라 심지도 않고 거두지도 않고 창고에 모아 들이지도 아니하되 너희 천부께서 기르시나니 너희는 이것들보다 귀하지 아니하냐

27. 너희 중에 누가 염려함으로 그 키를 한 자나 더할 수 있느냐

28. 또 너희가 어찌 의복을 위하여 염려하느냐 들의 백합화가 어떻게 자라는가 생각하여 보라 수고도 아니하고 길쌈도 아니하느니라

29. 그러나 내가 너희에게 말하노니 솔로몬의 모든 영광으로도 입은 것이 이 꽃 하나만 같지 못하였느니라

➤ **누가복음 12장 25−27절**

25. 또 너희 중에 누가 염려함으로 그 키를 한 자나 더할 수 있느냐

26. 그런즉 지극히 작은 것이라도 능치 못하거든 어찌 그 다른 것을 염려하느냐

27. 백합화를 생각하여 보아라 실도 만들지 않고 짜지도 아니하느니라 그러나 내가 너희에게 말하노니 솔로몬의 모든 영광으로도 입은 것이 이 꽃 하나만 같지 못하였느니라

➤ **시편 103편 15−18절**

15. 인생은 그 날이 풀과 같으며 그 영화가 들의 꽃과 같도다

16. 그것은 바람이 지나면 없어지나니 그 곳이 다시 알지 못하거니와

17. 여호와의 인자하심은 자기를 경외하는 자에게 영원부터 영원까지 이르며 그의 의는 자손의 자손에게 미치리니

18. 곧 그 언약을 지키고 그 법도를 기억하여 행하는 자에게로다

식물 관련 의미

성경에서 말하는 '들의 백합화'는 어느 특정한 식물을 언급했는지는 자세히 기록되어 있지 않기 때문에 그 시대에 들에 흔히 볼 수 있는 아름다운 꽃과 들풀을 포함한 꽃 식물을 말하고 있는 것으로 보인다. 현재 이스라엘 지역에 자생하고 있는 꽃 식물들은 수백 종이 넘는다.

마 6:28−29에서 예수께서 말씀하신 '들의 백합화'는 들에 피어 있는 아름다운 꽃들을 말하고 있다. 들풀은 헬라어 'αγρος(아그로스)'와 'κρτος(코르토스)'의 합성어로, 학자들은 우리가 알고 있는 들에 피어 있는 아름다운 모든 꽃들을 들풀로 해석하고 있다.

들의 백합류(양귀비)

들의 백합류(튤립)

들의 백합류(시클라멘)

들의 백합류 ❶ 돔 마카비 (Everlasting, Red cudweed)

들의 아름다운 백합화 중 하나

학명 Helichrysum sanguineum L. (국화과) **히브리명** 돔 마카빔 아돔(dom makabim adom)
원산지 지중해 연안 **개화기** 4~5월
성경참조 마 6:27-30

관련 성경 구절　　마태복음 6장 27-30절

27. 너희 중에 누가 염려함으로 그 키를 한 자나 더할 수 있느냐
28. 또 너희가 어찌 의복을 위하여 염려하느냐 들의 백합화가 어떻게 자라는가 생각하여 보라 수고도 아니하고 길쌈도 아니하느니라
29. 그러나 내가 너희에게 말하노니 솔로몬의 모든 영광으로도 입은 것이 이 꽃 하나만 같지 못하였느니라
30. 오늘 있다가 내일 아궁이에 던지우는 들풀도 하나님이 이렇게 입히시거든 하물며 너희일까보냐 믿음이 적은 자들아

식물의 특징

국화과의 반관목으로 다년생 식물이며 높이는 60~70cm 정도이다. 줄기는 벨벳 같은 질감으로 위쪽으로 가지가 나오며, 잎은 줄기에 가늘고 긴 잎이 1~2개 정도로 잎이 거의 없는 것이 특징이다. 꽃은 줄기 끝에 우툴두툴한 산딸기 모양으로 둥글고 길쭉한 4개의 작은 몽우리들이 모여 1개의 꽃봉오리를 이루어 피는데 꽃이 활짝 필 때는 황금색으로 변한다.

지중해 연안이 원산지로 햇빛이 잘 들고 통풍이 잘되는 들녘에서 무리 지어 잘 자란다.

식물 관련 의미

성경에 나오는 들의 백합화 중 하나로 이스라엘 들녘이나 길가에서 흔히 볼 수 있는 꽃이다. 붉은색을 지닌 돔 마카비는 혁명가의 피를 상징하는 이스라엘의 슬픈 역사를 간직하고 있는 꽃이다. 주전 160년경 유다 지역을 통치하던 희랍계 안티오쿠스 4세는 예루살렘 성전을 제우스 신을 섬기는 제단으로 사용하였으며 유대인들을 종교적으로 탄압하였다. 이로 인해 유다 지역의 작은 마을 마카비 가문에서 시작된 마카비 형제의 투쟁은 마침내 예루살렘 성전을 되찾았으나 이로 인해 수많은 피를 흘렸다. 피를 흘린 곳이 붉게 물들며 그곳에서 꽃이 무리를 지으며 붉게 피어났는데 이 꽃을 돔 마카비 꽃이라고 이름 지었다고 전해진다.

돔 마카비

돔 마카비

돔 마카비

들의 백합류 ❷ 무스카리 (Grape hyacinth)

들의 아름다운 백합화 중 하나

학명 Muscari armeniacum Ten. (백합과)   **히브리명** 카단 자누아흐(kadan zanuah)   **원산지** 지중해 연안
개화기 1~4월

식물의 특징

　백합과인 '무스카리(Muscari)'는 알뿌리 식물로 다양한 품종이 있다. 그리스어 '모스코스 (moschos, 사향 냄새)'는 식물 가운데 꽃에서 사향 냄새가 난다 하여 붙여진 이름이다. 작은 종 모양의 꽃이 총상 화서로 밀집해 피는데 언뜻 보면 포도송이와 비슷하여 그레이프히아신스 (Grape hyacinth)라고도 불린다. 꽃대는 가늘고 길게 자라며 보라색, 청색, 분홍색의 꽃들이 밀집되어 있는 상태에서 아래에서부터 위로 순차적으로 핀다. 알뿌리 자체로 정원에서 키우거나 분화로도 많이 키우며 식용으로도 사용한다.

식물 관련 의미

　성경에 나오는 들의 백합류의 많은 꽃들 중 하나로 추측되며, 지중해 연안에서 자생하는데 이스라엘 전 지역에서도 흔히 보는 식물이다.

무스카리

꽃

흰색 꽃

알뿌리

들의 백합류 ❸ 선인장 (Cactus, Opuntia)

들의 아름다운 백합화 중 하나

학명 Opuntia ficus-indica (L.) Mill. (선인장과) **히브리명** 짜바르 마쭈이(tsavar mtsy) **원산지** 지중해 연안, 열대 지방 **개화기** 5~6월

식물의 특징

선인장은 다육질의 식물로 줄기 전체에 수분이 있어 모래밭이나 뜨거운 태양 아래서 자란다. 꽃은 맨 윗부분에 붉은색이나 노란색으로 한 송이씩 피며 열매는 익으면 껍질과 함께 그대로 먹는다.

식물 관련 의미

들의 백합류 중 특히 꽃이 아름다운 선인장은 중동 지역과 같은 사막이나 지중해가 원산지로, 가시가 줄기와 잎 전체에 나 있으며 꽃이 매우 아름답다.

선인장의 열매는 먹기도 하는데 이스라엘이나 요르단 지방에서는 시장에서 판매하는 것을 흔하게 볼 수 있다.

꽃

사막에서 자라고 있는 선인장

열매

열매가 달려 있는 모습

들의 백합류 ❹ 시클라멘 (Common cyclamen)

들의 아름다운 백합화 중 하나

학명 Cyclamen persicum Mill. (앵초과) 히브리명 라케페트 메쭈야(raqefet metsyhe) 원산지 지중해 연안 개화기 1~5월

성경참조 사 40:5-9

관련 성경 구절   이사야 40장 5-9절

5. 여호와의 영광이 나타나고 모든 육체가 그것을 함께 보리라 대저 여호와의 입이 말씀하셨느니라
6. 말하는 자의 소리여 가로되 외치라 대답하되 내가 무엇이라 외치리이까 가로되 모든 육체는 풀이요 그 모든 아름다움은 들의 꽃 같으니
7. 풀은 마르고 꽃은 시듦은 여호와의 기운이 그 위에 붊이라 이 백성은 실로 풀이로다
8. 풀은 마르고 꽃은 시드나 우리 하나님의 말씀은 영영히 서리라 하라
9. 아름다운 소식을 시온에 전하는 자여 너는 높은 산에 오르라 아름다운 소식을 예루살렘에 전하는 자여 너는 힘써 소리를 높이라 두려워 말고 소리를 높여 유다의 성읍들에 이르기를 너희 하나님을 보라 하라

식물의 특징

앵초과의 1년생 또는 2년생 식물로 지중해가 원산지이다. 척박한 땅 어느 곳이나 잘 살아남는 생명력이 강한 구근 식물이다. 잎은 긴 줄기 끝에 나며 넓적한 하트 모양으로 흰 가루 무늬가 있다. 꽃은 뿌리에서부터 쭉 곧게 뻗은 줄기 끝에 끝이 뾰족한 난형으로 핀다. 분홍, 빨강, 노랑, 흰색 등 다양한 색깔이며 꽃잎은 5장의 홑겹이지만 최근에는 복겹으로도 재배하고 있다.

식물 관련 의미

이사야 40장에서는 풀은 마르고 꽃은 시들 듯 인간이 아무리 아름답다 하여도 시간이 지나면 들의 풀과 같이 늙고 죽지만 여호와 하나님의 말씀은 영원하심을 들의 꽃과 풀로 비유하셨다.

시클라멘은 지중해 그리스에서 자생하는 식물로, 꽃대가 수분을 빨아들이면 나선형으로 변한다고 해서 붙여진 이름인 그리스어 '키쿠로스(kiklos: 나선)'에서 명명되었다.

평소에 꽃을 너무나 좋아했던 솔로몬 왕이 자신의 왕관에 꽃 그림을 새기고 싶어 많은 꽃들을 추천받았지만 유일하게 마음에 들어 왕관에 새기게 했던 꽃이 시클라멘이었다고 전해진다. 자기를 선택해 준 왕에게 감사하여 고개를 뻣뻣하게 들고 피었던 시클라멘은 그 후부터 감사한 마음으로 고개를 숙이게 되었다. 그래서인지 시클라멘의 꽃말도 '수줍음'이라고 전해지는데, 이 모두는 구전되어 오는 전설이다.

군락을 이루고 있는 시클라멘

보라색꽃

꽃

들의 백합류 ❺ 아네모네 (Anemone, Crown anemone)

들의 아름다운 백합화 중 하나

학명 Anemone coronaria L. (미나리아재빗과)   **히브리명** 칼라이트 마쭈야(kalayit matsuya)
원산지 지중해 연안   **개화기** 1~3월
성경참조 마 6:28, 눅 12:27

관련 성경 구절 누가복음 12장 25-27절

25. 또 너희 중에 누가 염려함으로 그 키를 한 자나 더할 수 있느냐
26. 그런즉 지극히 작은 것이라도 능치 못하거든 어찌 그 다른 것을 염려하느냐
27. 백합화를 생각하여 보아라 실도 만들지 않고 짜지도 아니하느니라 그러나 내가 너희에게 말하노니 솔로몬의 모든 영광으로도 입은 것이 이 꽃 하나만 같지 못하였느니라

식물의 특징

아네모네는 중동 지역의 날씨가 건조한 온대 지역에서 1~3월에 꽃을 피우며 다양한 색깔의 꽃(빨간색, 미색, 진보라색, 연보라색)이 아름답게 핀다. 미나리아재빗과로 알뿌리(덩이줄기) 식물로 영양분과 물을 저장해 주는 둥글고 작은 알뿌리를 가지고 있다. 높이는 50cm까지 자라며 줄기 끝에 6장의 꽃잎으로 되어 있다. 바람꽃은 전 세계에 35속 120여 종류가 분포되어 있다.

식물 관련 의미

아네모네는 학명의 뜻인 '코로나리아 바람꽃(anemone coronaria)'으로 불리며 이스라엘 지방에서는 가장 아름다운 꽃으로 들에 흔하게 피어 있는 꽃들 중의 하나이다.

예수께서는 들의 백합화를 아름다움에 대한 비유로 사용하셨다.

아네모네

파란색 꽃

보라색 꽃

들의 백합류 ❻ 아도니스 (Small adonis)

들의 아름다운 백합화 중 하나

학명 Adonis microcarpa DC. (미나리아재빗과) **히브리명** 드무미트 아람 쪼바(demumit arm thsba)
원산지 지중해 연안 **개화기** 2~4월
성경참조 시 103:15

관련 성경 구절　　시편 103편 15-18절

15. 인생은 그 날이 풀과 같으며 그 영화가 들의 꽃과 같도다
16. 그것은 바람이 지나면 없어지나니 그 곳이 다시 알지 못하거니와
17. 여호와의 인자하심은 자기를 경외하는 자에게 영원부터 영원까지 이르며 그의 의는 자손의 자손에게 미치리니
18. 곧 그 언약을 지키고 그 법도를 기억하여 행하는 자에게로다

식물의 특징

　　쌍떡잎식물로 미나리아재빗과에 속하는 일년생 식물이다. 높이가 20~40cm 정도 자라며 잎은 밑에서부터 긴 잎이 3개씩 갈라지면서 어긋나기를 하며 잎 가장자리는 톱니가 있다. 꽃은 긴 줄기 끝에 지름 5~7cm 정도로 피는데 홑겹과 겹꽃으로 빨간색, 분홍색, 노란색, 보라색, 하늘색, 흰색 등으로 핀다. 잎이 누렇게 되는 6~7월이 되면 둥근 알뿌리 모양의 삭과를 캐어 그늘에 말려 저장했다가 9~10월이 되면 토양에 깊이 심어 준다.

　　원산지인 지중해 연안을 중심으로 북반구에 90여 종이 있으며, 햇볕이 잘 들고 통풍이 잘 되는 들판에서 잘 자란다. 우리나라에는 아도니스와 비슷하지만 아시아가 원산지인 복수초가 있다. 복수초는 복을 가져다주는 꽃이라고 해서 붙여진 이름이다.

식물 관련 의미

　　성경에 나오는 들의 꽃, 들의 백합화 중의 하나이다. 이스라엘 성지 길거리 곳곳에 많이 분포되어 있으며 샤론 평야와 같은 곳에서 잘 자란다. 성지에 가면 거리 곳곳에 꽃들이 만발해 있어 성지 전체가 꽃밭처럼 느껴진다.

　　시 103:15에서는 "인생은 그 날이 풀과 같으며 그 영화가 들의 꽃과 같도다."라고 인생의 허무함을 들의 꽃으로 비유하고 있다.

　　아도니스는 그리스 신화에서 미소년인 아도니스가 멧돼지에게 받쳐서 죽을 때 흘린 피에서 생겨난 꽃이라고 하며, 꽃말은 '사랑의 괴로움'이다.

아도니스

노란색 꽃

꽃

들의 백합류 ❼ 양귀비 (Common poppy)

들의 아름다운 백합화 중 하나

학명 Papaver rhoeas L. (양귀비과) **히브리명** 파라그(parag) **원산지** 지중해 연안 **개화기** 4~9월
성경참조 사 40: 6-8, 벧전 1:24-25

관련 성경 구절

➤ **이사야 40장 6-8절**

6. 말하는 자의 소리여 이르되 외치라 대답하되 내가 무엇이라 외치리이까 하니 이르되 모든 육체는 풀이요 그의 모든 아름다움은 들의 꽃과 같으니

7. 풀은 마르고 꽃이 시듦은 여호와의 기운이 그 위에 붊이라 이 백성은 실로 풀이로다

8. 풀은 마르고 꽃은 시드나 우리 하나님의 말씀은 영원히 서리라 하라

➤ **베드로전서 1장 24-25절**

24. 그러므로 모든 육체는 풀과 같고 그 모든 영광은 풀의 꽃과 같으니 풀은 마르고 꽃은 떨어지되

25. 오직 주의 말씀은 세세토록 있도다 하였으니 너희에게 전한 복음이 곧 이 말씀이니라.

식물의 특징

양귀비는 양귀비과의 일년생 식물이다. 높이는 30~50cm 정도로 자라며 줄기는 곧게 수직으로 뻗고 끝부분에 1개의 꽃이 핀다. 잎은 어긋나기로 4개의 꽃잎이 서로 마주 달린다. 꽃은 빨간색이나 보라색, 흰색도 재배한다. 양귀비는 꽃이 화려하고 아름답지만 아편을 만드는 재료로 사용되는 식물로 나라별로 재배를 금하고 있는 식물이기도 하다.

식물 관련 의미

사 40:6-8에서 하나님의 힘 앞에서는 인간의 육체가 아무리 아름답고 화려해도 들의 꽃과 같으며 꽃은 결국 시들어 버린다는 하나님의 전능하심을 들의 꽃으로 표현했다.

벧전 1:24에서는 아름답고 향기로운 꽃도 결국은 한순간에 시들어 떨어지고 말지만 하나님의 말씀은 세세토록 영원하심을 들의 꽃으로 강조하고 있다.

길가의 양귀비

양귀비

양귀비

들의 백합류 ⑧ 튤립 (Tulip, Mountain tulip)

들의 아름다운 백합화 중 하나

학명 Tulipa sharonensis DC. (백합과) 히브리명 찌브오니 하하림(tsboni haharim) 원산지 지중해 연안, 터키, 유럽 개화기 3~4월
성경참조 아 2:1, 사 35:1, 호 14:5

관련 성경 구절

➤ **아가서 2장 1-4절**

1. 나는 사론의 수선화요 골짜기의 백합화로구나
2. 여자들 중에 내 사랑은 가시나무 가운데 백합화 같구나
3. 남자들 중에 나의 사랑하는 자는 수풀 가운데 사과나무 같구나 내가 그 그늘에 앉아서 심히 기뻐하였고 그 실과는 내 입에 달았구나
4. 그가 나를 인도하여 잔치집에 들어갔으니 그 사랑이 내 위에 기로구나

➤ **이사야 35장 1-4절**

1. 광야와 메마른 땅이 기뻐하며 사막이 백합화 같이 피어 즐거워하며
2. 무성하게 피어 기쁜 노래로 즐거워하며 레바논의 영광과 갈멜과 사론의 아름다움을 얻을 것이라 그것들이 여호와의 영광 곧 우리 하나님의 아름다움을 보리로다
3. 너희는 약한 손을 강하게 하여 주며 떨리는 무릎을 굳게 하여 주며
4. 겁내는 자에게 이르기를 너는 굳세게 하라, 두려워 말라, 보라 너희 하나님이 오사 보수하시며 보복하여 주실 것이라 그가 오사 너희를 구하시리라 하라

식물의 특징

튤립은 백합과 튤립속의 여러해살이풀로 원산지는 지중해 연안이다. 봄꽃을 대표하는 알뿌리 식물로 높이는 15~30cm까지 자라며 가늘고 긴 줄기는 회녹색의 잎을 가지고 있다. 줄기 끝에는 한 개의 꽃이 피는데 4~5장의 꽃잎이 계란 모양으로 서로 포개져 핀다. 꽃의 형태나 크기 등은 품종에 따라 그 종류가 다양하다.

식물 관련 의미

튤립(tulip)은 페르시아어인 툴리반드(thuliband)에서 유래되었으며 고대 프랑스어인 듈리팡(dulipan)을 영어인 튤립(tulip)으로 발음한 것이다.

산기슭에 피어 있는 튤립

아 2:1에서는 들의 백합화가 사랑하는 이를 향해 자신을 아름다운 꽃으로 고백하고 있다. 이사야서에서는 이스라엘의 회복과 새로운 땅에서의 희망을 백합화로 비유하고 있다. 튤립은 샤론 평야인 이스라엘 전역에 널리 퍼져 있으며 많은 사람들에게 사랑을 받고 있는 꽃이다.

꽃

들의 백합류 ❾ 페니키아장미 (Phoenician rose)

들의 아름다운 백합화 중 하나

학명 Rosa phoenician (장미과) **히브리명** 로돈(rodon) **원산지** 터키, 레바논 북부 **개화기** 3~4월
성경참조 아 2:16

관련 성경 구절　　아가서 2장 14-17절

14. 바위 틈 낭떠러지 은밀한 곳에 있는 나의 비둘기야 나로 네 얼굴을 보게 하라 네 소리를 듣게 하라 네 소리는 부드럽고 네 얼굴은 아름답구나
15. 우리를 위하여 여우 곧 포도원을 허는 작은 여우를 잡으라 우리의 포도원에 꽃이 피었음이니라
16. 나의 사랑하는 자는 내게 속하였고 나는 그에게 속하였구나 그가 백합화 가운데서 양 떼를 먹이는구나
17. 나의 사랑하는 자야 날이 기울고 그림자가 갈 때에 돌아와서 베데르 산에서의 노루와 어린 사슴 같아여라

식물의 특징

　페니키아장미는 덩굴성 관목으로 높이가 1~2m까지 자란다. 줄기에는 작은 가시들이 돋아 있다. 잎은 작은 잎으로 털이 있고 마주나기로 타원형이며 가장자리는 톱니로 둘러싸여 있다. 꽃은 여러 갈래의 줄기 끝에 5장의 꽃잎으로 노란색의 많은 술이 앞으로 향해 퍼지듯 나와 있으며 흰색, 분홍색으로 핀다. 잎과 꽃에 독성이 강한 수지가 함유되어 있으며, 열매는 늦여름에 익으면 먹을 수 있다.

식물 관련 의미

　장미는 들의 꽃 가운데 한 종류로 구약 시대 당시에 장미가 있었는지는 알려지지 않았지만 신약 시대에는 로마 사람들이 장미류를 매우 좋아했음을 알 수 있다. 이집트 사람들은 주전 2000년 전부터 재배해 온 것으로 알려져 있다. 그들은 장미 꽃잎을 따다가 요리를 하고 장미 향의 오일로 목욕을 했다. 장미보다는 장미류 가운데 한 종으로 보고 있다. 장미류는 수세기 동안 사람들에게 사랑을 받고 있는 꽃 중의 하나이다.

페니키아장미

빨간색 꽃

비둘기똥 (합분태, 베들레헴의 별, Dove's dung)

생계를 연명하기 위해 먹었던 풀뿌리 식물

학명 Ornithogalum montanum Cirillo (백합과: Liliaceae) **히브리명** 하레요님(chareyonim), 하레쪼님
(chartsonim) **원산지** 지중해 연안, 유럽, 아프리카 **개화기** 12~3월
성경참조 왕하 6:25

관련 성경 구절   열왕기하 6장 24-29절

24. 이 후에 아람 왕 벤하닷이 그 온 군대를 모아 올라와서 사마리아를 에워싸니
25. 아람 사람이 사마리아를 에워싸므로 성중이 크게 주려서 나귀 머리 하나에 은 팔십 세겔이요 합분태 사분 일 갑에 은 다섯 세겔이라
26. 이스라엘 왕이 성 위로 통과할 때에 한 여인이 외쳐 가로되 나의 주 왕이여 도우소서
27. 왕이 가로되 여호와께서 너를 돕지 아니하시면 내가 무엇으로 너를 도우랴 타작 마당으로 말미암아 하겠느냐 포도주 틀로 말미암아 하겠느냐
28. 또 가로되 무슨 일이냐 여인이 대답하되 이 여인이 내게 이르기를 네 아들을 내라 우리가 오늘날 먹고 내일은 내 아들을 먹자 하매
29. 우리가 드디어 내 아들을 삶아 먹었더니 이튿날에 내가 이르되 네 아들을 내라 우리가 먹으리라 하나 저가 그 아들을 숨겼나이다

식물의 특징

성탄별꽃은 백합과로 속명은 '새(ornitho)의 젖(galum)'이란 뜻을 가지고 있다.

높이는 15~30cm 정도 자라고 줄기는 곧게 위로 뻗어 있으며 줄기 맨 끝에 총상 화서이다. 흰색의 꽃잎들이 작은 줄기마다 별 모양으로 자잘하게 흩어져 핀다. 풀뿌리는 식용으로 먹기도 했다. 그러나 독성이 있기 때문에 충분히 굽고 익혀서 사용한다.

식물 관련 의미

왕하 6:25에서는 엘리사 시대에 아람 왕 벤하닷이 온 군대를 몰고 와 사마리아 성을 에워싸고, 시간이 흘러 성 안에 있던 백성들이 굶주림에 허덕이자 성 안에 있던 비둘기 똥마저도 많은 돈을 주고 사 먹었을 만큼 절박한 상태에서 식량을 구할 수 없을 때를 합분태로 묘사했다.

히브리어인 '하레요님(chareyonim)'은 열매를 의미하는데 합분태에서 흰색의 꽃들이 여기저기 흩어져 피어 있는 모양이 흡사 비둘기 똥처럼 보인다 해서 붙여진 이름이다.

길가에 핀 꽃

꽃

꽃

샤론의 꽃 ❶ 나리꽃 (백합, Lily, Madonna lily)

솔로몬의 모든 영광을 비유로 들었던 백합류 중 하나

학명 Lilium candidum L. (백합과: Liliaceae) **히브리명** 슈산(shushan), 쇼산(shoshan), 소샨나
(shoshanah) **원산지** 지중해 동부 연안 **개화기** 5~6월
성경참조 왕상 7:19-20, 아 2:1-2, 5:13, 6:2, 7:2, 사 35:1-2, 호 14:5, 눅 12:27

관련 성경 구절

➤ **열왕기상 7장 19-20절**
19. 주랑 기둥 꼭대기에 있는 머리의 네 규빗은 백합화 모양으로 만들었으며
20. 이 두 기둥 머리에 있는 그물 곁 곧 그 머리의 공 같이 둥근 곳으로 돌아가며 각기 석류 이백 개가 줄을 지었더라

➤ **이사야 35장 1-2절**
1. 광야와 메마른 땅이 기뻐하며 사막이 백합화 같이 피어 즐거워하며
2. 무성하게 피어 기쁜 노래로 즐거워하며 레바논의 영광과 갈멜과 사론의 아름다움을 얻을 것이라 그것들이 여호와의 영광 곧 우리 하나님의 아름다움을 보리로다

➤ **호세아 14장 4-5절**
4. 내가 그들의 반역을 고치고 기쁘게 그들을 사랑하리니 나의 진노가 그에게서 떠났음이니라
5. 내가 이스라엘에게 이슬과 같으리니 그가 백합화 같이 피겠고 레바논 백향목 같이 뿌리가 박힐 것이라

식물의 특징

나리속에 속하는 백합과로 히브리명 '슈산'은 높이가 1.5m까지 자란다. 뿌리가 둥근 알뿌리이며 6개의 나팔 모양의 꽃잎을 가지고 있는 다년초 식물이다. 잎은 잎자루 없이 줄기를 감싸며 어긋난다. 꽃은 5~6월에 피며 줄기 끝에서 2~3 송이씩 옆 또는 아래쪽을 향해 벌어져 피고 향기가 강하다.

식물 관련 의미

백합은 고대 근동에서부터 내려오는 아름다움을 상징하기 위한 꽃으로 전해진다. 히브리명인 '쇼산(나리꽃)'과 '하바쩰레트(수선화, 아네모네, 장미)'가 다르게 번역되어 있지만, 많은 학자들은 쇼산과 하바쩰레트를 같은 뜻으로 해석하고 있다.

주황색 꽃

눅 12:27의 "백합화를 생각하여 보아라 실도 만들지 않고 짜지도 아니하느니라 그러나 내가 너희에게 말하노니 솔로몬의 모든 영광으로도 입은 것이 이 꽃 하나만큼 훌륭하지 못하였느니라."에서 예수님은 제자들에게 솔로몬의 부귀영화를 백합화의 꽃으로 비유하셨다.

나리

샤론의 꽃 ❷ 번홍화 [蕃紅花, 사프란(Saffron)]

세계에서 가장 비싼 향신료의 원료

학명 Crocus sativus L. (붓꽃과)　히브리명 카르콤(krkom)　원산지 지중해 연안, 소아시아, 이란
개화기 10~11월
성경참조 아 4:14

관련 성경 구절　　아가서 4:13－16절

13. 네게서 나는 것은 석류나무와 각종 아름다운 과수와 고벨화와 나도풀과
14. 나도와 번홍화와 창포와 계수와 각종 유향목과 몰약과 침향과 모든 귀한 향품이요
15. 너는 동산의 샘이요 생수의 우물이요 레바논에서부터 흐르는 시내로구나
16. 북풍아 일어나라 남풍아 오라 나의 동산에 불어서 향기를 날리라 나의 사랑하는 자가 그 동산에 들어가서 그 아름다운 열매 먹기를 원하노라

식물의 특징

붓꽃과에 속하는 다년생 식물로 비늘 줄기가 있는 여러해살이풀이다. 사프란은 장홍화, 울금향, 번홍초, 사후란, 그로커스의 속명을 가지고 있다. 높이는 15cm 정도이며 꽃은 연한 자주색, 노란색, 흰색으로 피며 잎은 꽃이 핀 다음 크게 자라 땅속 알뿌리가 지름 3cm 정도이다. 음식의 맛을 내거나 염료로 쓰이기도 하며 향기가 강하고 쓴맛이 있다. 사프란(Crocus sativus)은 붓꽃과(Iridaceae)에 속하는 다년생 초본으로서 높이가 15cm 정도 자라며 가을에 꽃을 피우는데, 이 꽃의 암술대를 채집하여 말린 것을 사프란이라고도 한다.

식물 관련 의미

사프란은 961년경 스페인에서 아랍인들이 재배를 했으며, 그 뒤 사라졌다가 십자군들에 의해 다시 유럽에 들어오게 되었다. 세계에서 가장 비싼 향신료이며, 주성분은 피크로크로신이다.

샤론의 꽃으로 이스라엘 산지에서 흔히 볼 수 있다.

사프란

염료

샤론의 꽃 ❸ 수선화 (Narcissus, Dffodil)

이스라엘의 회복된 땅을 꽃으로 비유

학명 Narcissus tazetta Linn. (수선화과)　**히브리명** 하바쩰레트(chavatsleth)　**원산지** 지중해 연안, 스페인, 포르투갈, 북아프리카　**개화기** 12~3월경
성경참조 아 2:1, 사 35:1

관련 성경 구절

➤ **아가서 2장 1-3절**

1. 나는 사론의 수선화요 골짜기의 백합화로다
2. 여자들 중에 내 사랑은 가시나무 가운데 백합화 같도다
3. 남자들 중에 나의 사랑하는 자는 수풀 가운데 사과나무 같구나 내가 그 그늘에 앉아서 심히 기뻐하였고 그 열매는 내 입에 달았도다

➤ **이사야 35장 1-2절**

1. 광야와 메마른 땅이 기뻐하며 사막이 백합화 같이 피어 즐거워하며
2. 무성하게 피어 기쁜 노래로 즐거워하며 레바논의 영광과 갈멜과 사론의 아름다움을 얻을 것이라 그것들이 여호와의 영광 곧 우리 하나님의 아름다움을 보리로다

식물의 특징

수선화류(narcissus)는 일반 수선화(dffodil)를 말하며 수선화과의 다년생 구근 식물로 높이는 30~40cm 정도 자라며 잎은 폭이 좁고 길쭉하게 뻗어 있다. 양파처럼 둥근 알뿌리를 갖고 있으며 꽃은 엷은 노란색으로 6장의 꽃잎이 나팔 모양을 하고 있으며 중앙에 노란색의 꽃술이 앞으로 튀어나온 듯한 모양을 하고 있다.

수선화[나르키소스(narcissus)]는 '허영심'을 상징하는데 그것은 그리스 신화에서 아름다운 청년이 다른 사람의 사랑을 외면하고 연못에 비친 자신의 모습만을 좋아해서 붙여진 이름이다.

식물 관련 의미

아 2:1에서는 여인이 자신을 골짜기의 많은 꽃들 가운데 하나로 묘사한다.

샤론의 꽃은 히브리어 하바쩰레트(chavatsleth)로 '둥근 모양을 만들다'라는 뜻을 지니고 있다. 동사 '바짤(batsal)'과 같은 의미이며 사프란류, 수선화, 튤립류, 백합류 등 다양한 꽃을 포함하고 있다. 샤론은 지중해 연안인 갈멜산과 욥바를 사이에 둔 비옥한 평야를 가리킨다. 사 35:1에서도 이스라엘의 회복을 하바쩰레트에 비유하고 있다.

꽃잎

꽃

수련 (연, Water-lily)

욥이 고난받고 있을 때 하나님이 그늘을 만든 재료

학명 Nymphaea tetragona alba L. (수련과) **히브리명** 쩨엘림(tse'elm) **원산지** 지중해 연안, 이집트, 인도, 아프리카 **개화기** 7~9월
성경참조 욥 40:21-22

관련 성경 구절   욥기 40장 19−24절

19. 그것은 하나님의 창조물 중에 으뜸이라 그것을 지은 자가 칼을 주었고
20. 모든 들짐승의 노는 산은 그것을 위하여 식물을 내느니라
21. 그것이 연 줄기 아래나 갈밭 가운데나 못 속에 엎드리니
22. 연 그늘이 덮으며 시내 버들이 둘렀구나
23. 하수가 창일한다 할지라도 그것이 놀라지 않고 요단 강이 불어 그 입에 미칠지라도 자약하니
24. 그것이 정신차리고 있을 때에 누가 능히 잡을 수 있겠으며 갈고리로 그 코를 꿸 수 있겠느냐

식물의 특징

수련과에 속하는 여러해살이 수생 식물이며 뿌리가 굵고 짧은 덩이줄기를 가지고 있다. 잎은 뿌리에서부터 올라온 긴 잎자루에 달리고 물 위에 떠 있으며 꽃은 흰색, 분홍색, 보라색 등이 있다. 수련은 흰색 수련과 푸른색 수련이 있다. 흰색 수련은 3일 동안 피고 어두워지는 밤에는 꽃잎이 닫히며, 푸른 수련은 한낮인 정오에 활짝 폈다가 4시쯤 닫힌다.

식물 관련 의미

'쩨엘림(tseʼelm)'에 대해서는 정확하게 알려지지 않았으나, 습지에서 자라는 수련 속 식물로 '그늘진 나무들'로 번역된다.

욥기서에서 하나님은 욥이 고난을 받고 있을 때도 함께하셨다. 하나님은 욥을 떠나지 않으시고 연잎으로 그늘을 만들어 주시어 그늘 아래서 쉴 수 있게 해 주셨다.

수련의 꽃말은 '깨끗한 마음, 청순한 마음'으로 부활을 상징하기도 한다.

수련

꽃

실라 (Spiny zilla)

식물명을 사람 이름으로 사용함.

학명 Zilla spinosa Prantl. (십자화과) 히브리명 찔라(zilla) 원산지 중동, 아프리카 개화기 4월
성경참조 창 4:22-23

관련 성경 구절   창세기 4장 19-23절

19. 라멕이 두 아내를 취하였으니 하나의 이름은 아다요 하나의 이름은 씰라며
20. 아다는 야발을 낳았으니 그는 장막에 거하여 육축 치는 자의 조상이 되었고
21. 그 아우의 이름은 유발이니 그는 수금과 퉁소를 잡는 모든 자의 조상이 되었으며
22. 씰라는 두발가인을 낳았으니 그는 동철로 각양 날카로운 기계를 만드는 자요 두발가인의 누이는 나아마이었더라
23. 라멕이 아내들에게 이르되 아다와 씰라여 내 목소리를 들으라 라멕의 아내들이여 내 말을 들으라 나의 상처로 말미암아 내가 사람을 죽였고 나의 상함으로 말미암아 소년을 죽였도다

식물의 특징

학명인 '찔라(zilla)'는 아랍명을 라틴어화한 것으로, 히브리명 '찔라(tsrh)'와 같은 음역으로 불린다. 십자화과의 다년생 식물이며 높이는 1m 정도로 기어서 자라듯 옆으로 퍼지며 자란다. 줄기에는 가시가 날카롭게 사방으로 나 있으며 잎은 밑부분이 크게 나오면서 위로 올라올수록 작아진다. 꽃은 연보라색으로 핀다. 열매는 타원형으로 끝부분이 뾰족하게 나와 있고 익으면 강한 바람이 불 때 떨어져 사방으로 흩어진다.

식물 관련 의미

히브리어 '찔라(zilla)'는 아랍명을 라틴어로 해석한 것으로 식물명을 사람 이름으로 사용한 것으로 보고 있다. 이 식물은 사막의 뜨거운 태양 아래서 자라며 가시가 많은 식물이다.

창 4:22-23에서 아담의 계보 중 라멕의 두 아내 중 한 사람으로 씰라는 두발가인을 낳았다.

가시 돋친 실라

꽃

쐐기풀 (가시나무, Nettle brier)

농부들의 골칫거리 식물

학명 Urtica sp. (쐐기풀과) **히브리명** 하룰(charul), 씨르파드(sirpad), 키모쓰(qimmos) **원산지** 지중해 연안,
시베리아, 유럽 **개화기** 3~6월

성경참조 욥 30:7, 잠 24:31, 사 34:13, 55:13, 호 9:6, 습 2:9

관련 성경 구절

➤ 욥기 30장 5-7절 / 하룰(charul)

5. 무리는 도적을 외침 같이 그들에게 소리지름으로 그들은 사람 가운데서 쫓겨나서

6. 침침한 골짜기와 구덩이와 바위 구멍에서 살며

7. 떨기나무 가운데서 나귀처럼 부르짖으며 가시나무 아래 모여 있느니라

➤ 이사야 55장 12-13절 / 씨르파드(sirpad)

12. 너희는 기쁨으로 나아가며 평안히 인도함을 받을 것이요 산들과 작은 산들이 너희 앞에서 노래를 발하고 들의 모든 나무가 손바닥을 칠 것이며

13. 잣나무는 가시나무를 대신하여 나며 화석류는 질려를 대신하여 날 것이라 이것이 여호와의 명예가 되며 영영한 표징이 되어 끊어지지 아니하리라 하시니라

식물의 특징

쐐기풀과에 속하며 잎은 서로 마주나기를 하는 식물이다. 줄기가 네모지며 땅속뿌리부터 위로 수직으로 뻗으며 자란다. 높이는 50~200cm 정도 자라고 둥근 열매에는 밤송이처럼 가시가 있어 찔리면 쐐기에 쏘인 것처럼 부어오른다.

약용이나 식용으로도 사용되었다. 특히 유럽에서는 쐐기풀에서 나오는 즙을 이용해 신경통 치료의 원료로 사용하고, 치료 목적으로 가시를 아픈 환부에 찔러 사용하기도 했다.

식물 관련 의미

성경에는 쐐기풀이 가시방석 또는 잡초로 번역되어 있다. 버려진 빈터나 유적지에서 잘 자라며 번식력이 뛰어난 가시덤풀 잡초이다. 가시처럼 날카롭게 급속도로 번져 자란다.

사 34:13에서는 쐐기풀이 자라는 주변에는 들짐승이 있고, 척박하고 저주받은 땅으로 묘사했다. 가시가 많은 쐐기풀은 버려진 땅에서 자라며 마르면서 바람에 날려 농사에 방해가 되기 때문에 농부들에게는 골칫거리였다.

꽃

잎

말린 잎을 달인 물

쑥 (쓴흰쑥, 독초, 인진, White wormwood)

독이 든 쓴 물을 만드는 데 사용된 식물

학명 Artemisia herba-alba Asso. (국화과)　**히브리명** 라아나(laʾanah)　**원산지** 지중해 연안
개화기 9~10월
성경참조 신 29:18, 잠 5:4, 렘 9:15, 23:15-16, 애 3:15, 3:19, 암 5:7, 6:12, 계 8:11

관련 성경 구절

➤ **예레미야 23장 15-16절 / 라아나(la'anah)**

15. 그러므로 만군의 여호와께서 선지자에 대하여 이와 같이 말씀하시니라 보라 내가 그들에게 쑥을 먹이며 독한 물을 마시게 하리니 이는 사악이 예루살렘 선지자들로부터 나와서 온 땅에 퍼짐이라 하시니라

16. 만군의 여호와께서 이와 같이 말씀하시되 너희에게 예언하는 선지자들의 말을 듣지 말라 그들은 너희에게 헛된 것을 가르치나니 그들이 말한 묵시는 자기 마음으로 말미암은 것이요 여호와의 입에서 나온 것이 아니니라

➤ **요한계시록 8장 10-11절 / 아프신토스(apsinthos)**

10. 셋째 천사가 나팔을 부니 횃불같이 타는 큰 별이 하늘에서 떨어져 강들의 삼분의 일과 여러 물샘에 떨어지니

11. 이 별 이름은 쑥이라 물들의 삼분의 일이 쑥이 되매 그 물들이 쓰게 됨을 인하여 많은 사람이 죽더라

식물의 특징

쑥은 공동 번역에 소태 또는 인진이라고 번역되어 있다. 인진은 성경에 9회 정도 나오는데 모두 소태로 번역되어 있다. 성지에서 흔하게 볼 수 있는 쓴흰쑥은 향기가 강하고 쓰며 산양의 먹이와 유목민들의 기생충 예방을 위해 차로도 마신다. 흰색 털로 덮여 있는 쓴흰쑥은 관목으로 높이가 40cm 정도 자란다. 잎은 우기가 끝날 무렵 지고, 건기가 시작되고 더운 7~8월쯤 비늘 모양의 잎이 새로 나온다. 흰쑥은 잎이 매우 쓴맛이 나며 마취제로도 사용된다.

식물 관련 의미

렘 23:15에서 여호와께서 먹이신 분노의 쑥인 히브리어 '라아나(la'anah)'는 '저주하다'의 뜻을 담고 있으며 맛이 쓴 식물을 의미한다. 여호와께서는 거짓 선지자들에게 닥쳐올 저주가 고통 가운데 임할 것임을 암시하는 데 쑥류를 비유로 사용하셨다. 쑥은 아픔이나 비통함을 표현하기 위한 비유적인 표현으로 많이 사용되었다. 계 8:11에서 사용된 쑥류인 그리스어 '아프신토스(apsinthos)'는 독이 든 쓴 물을 만드는 데 사용되었다.

말린 쑥

말려서 약재와 음식에도 활용함.

꽃과 잡초

엉겅퀴류 1

❶ 가시수레국화 ❷ 금엉겅퀴 ❸ 시리아엉겅퀴

성경참조   창 3:18, 왕하 14:9, 대하 25: 18, 33:11, 욥 31:40, 잠 26:9, 아 2:2, 사 34:13, 호 9:6, 10:8, 마 7:16

관련 성경 구절

➥ **창세기 3장 18절**   땅이 네게 가시덤불과 엉겅퀴를 낼 것이라 네가 먹을 것은 밭의 채소인즉

➥ **열왕기하 14장 9절**   이스라엘의 왕 요아스가 유다의 왕 아마샤에게 사람을 보내 이르되 레바논 가시나무가 레
바논 백향목에게 전갈을 보내어 이르기를 네 딸을 내 아들에게 주어 아내로 삼게 하라 하
였더니 레바논 들짐승이 지나가다가 그 가시나무를 짓밟았느니라

➥ **욥기 31장 40절**   밀 대신에 가시나무가 나고 보리 대신에 독보리가 나는 것이 마땅하니라 하고 욥의 말이
그치니라

➥ **잠언 26장 9절**   미련한 자의 입의 잠언은 술 취한 자가 손에 든 가시나무 같으니라

➥ **아가 2장 2절**   여자들 중에 내 사랑은 가시나무 가운데 백합화 같도다.

➥ **호세아 9장 6절**   보라 그들이 멸망을 피하여 갈지라도 애굽은 그들을 모으고 놉은 그들을 장사하리니 그
들의 은은 귀한 것이나 찔레가 덮을 것이요 그들의 장막 안에는 가시덩굴이 퍼지리라

➥ **마태복음 7장 16절**   그들의 열매로 그들을 알찌니 가시나무에서 포도를 또는 엉겅퀴에서 무화과를 따겠느냐

식물의 특징

국화과의 여러해살이 식물인 엉겅퀴는 수백 가지의 종류가 있다. 높이가 1m 정도로 줄기와 꽃에는 센 가시가 있다. 꽃은 엉겅퀴 종에 따라 다소 차이가 있으나 대개는 4~6월 사이에 핀다. 줄기와 잎은 약용이나 식용으로 많이 쓰인다.

식물 관련 의미

하나님이 세상을 창조하시고 하나님 보시기에 아름다운 에덴동산을 만드시고 아담과 하와를 그곳에 살게 하셨다.

하나님께서 아담에게 에덴동산을 경작하고 지키게 하셨으며 에덴동산에 있는 모든 것을 먹되 동산 중앙에 있는 선악을 알게 하는 나무의 열매(선악과)는 먹지도 만지지도 말라고 하셨다. 그러나 하와는 뱀이 하는 말 "그것을 먹으면 하나님과 같이 된다."는 유혹에 넘어가 보기에도 먹음직하고 탐스러운 과일을 먹고는, 자신의 남편인 아담에게도 먹게 했다. 하나님의 명을 어긴 아담과 하와는 에덴동산에서 쫓겨나게 되고 평생 가시덤불과 엉겅퀴가 뒤덮인 땅을 개간하며 살게 되었다.

아담(사람)의 죄로 인간에게는 죽음이 찾아왔고 남자는 죽을 때까지 일을 해서 먹고 살아야 하며 여자는 해산의 고통을 가져오게 되었다.

가시수레국화

욥 31:40에서는 욥이 하나님께 자신이 지금 겪고 있는 고난에 대해 자신은 하나님을 경외해 왔으며 하나님에 대한 결백을 주장하고 다시 자신의 결백함을 호소한다. 자신은 하나님이 주신 땅을 소홀히 하지 않았으며 만일 조금이라도 소홀히 했다면 밀밭에 밀 대신 가시나무가 나고 보리 대신에 독보리가 나는 것이 마땅하다고 욥은 말한다.

마 7:16에서 예수님께서는 "양의 옷을 입고 노략질하는 자들을 조심하라고 하시며 양의 탈을 쓰는 자들을 구별하는 것은 열매로 알지니 가시나무에서 포도송이가 또는 엉겅퀴에서 무화과 열매가 나지 않는다. 좋은 나무에서는 아름다운 열매를 맺고 못된 나무는 나쁜 열매를 맺는다."라고 말씀하셨다. 여기서 가시나무는 엉겅퀴를 의미하고 저주의 상징이며 황폐한 땅을 가리킨다.

금엉겅퀴

엉겅퀴류 ❶ 가시수레국화(Knapweed)

학명 Centaurea hyalolepis Boiss. (국화과: Compositae, Asteraceae) **히브리명** 다르다르(dardar)
원산지 지중해 연안, 이란, 터키 **개화기** 4~5월
성경참조 창 3:18, 호 10:8

관련 성경 구절

➤ 창세기 3장 17-19절

17. 아담에게 이르시되 네가 네 아내의 말을 듣고 내가 너더러 먹지 말라 한 나무 실과를 먹었은즉 땅은 너로 인하여 저주를 받고 너는 종신토록 수고하여야 그 소산을 먹으리라

18. 땅이 네게 가시덤불과 엉겅퀴를 낼 것이라 너의 먹을 것은 밭의 채소인즉

19. 네가 얼굴에 땀이 흘러야 식물을 먹고 필경은 흙으로 돌아가리니 그 속에서 네가 취함을 입었음이라 너는 흙이니 흙으로 돌아갈 것이니라 하시니라

➤ 호세아 10장 7-8절

7. 사마리아 왕은 물 위에 거품 같이 멸망할 것이며

8. 이스라엘의 죄 된 아웬의 산당은 패괴되어 가시와 찔레가 그 단 위에 날 것이니 그 때에 저희가 산더러 우리를 가리우라 할 것이요 작은 산더러 우리 위에 무너지라 하리라

식물의 특징

국화과의 수레국화속의 일년생 식물로 높이는 30~60cm 정도로 자란다. 줄기가 곧게 올라오면서 가지가 줄기 옆 겨드랑이에서 난다. 줄기에는 가시 같은 털이 덮여 있다. 잎은 길쭉한 바나나 모양으로 잎맥은 없다. 꽃은 줄기에서 여러 갈래의 꽃대가 나와 끝에 피며 봉우리에 가시가 돋아 있으며 노란색, 분홍색 등이 있다. 꽃부리에 가시가 돋아 있다. 다른 엉겅퀴 종류와 비슷하며 엉겅퀴의 종류만도 수백 종에 달한다.

길가나 버려진 땅 등에서도 잘 자라며 유대 광야와 같은 비옥한 곳에서도 잘 자라는 생명력이 강한 식물이다.

식물 관련 의미

창세기서에서는 에덴동산에서 아담의 비극적인 선택에 대한 불행한 결과를 가시덤불 엉겅퀴로 대신했다. '다르다르(dardar)'는 가시가 있고 불쾌한 식물로 호 10:8에서는 사마리아인들이 우상 숭배를 했을 때 징벌의 대상으로도 사용되었다.

가시수레국화

꽃

꽃

학명 Scolmus hispanicus L. (국화과) 히브리명 호하흐(choach) 원산지 지중해 연안 개화기 5~6월
성경참조 삼상 13:6, 왕하 14:9, 대하 25:18, 욥 31:40, 잠 26:9, 아 2:2, 사 34:13, 호 9:6

관련 성경 구절

➤ **잠언 26장 8-9절**

8. 미련한 자에게 영예를 주는 것은 돌을 물매에 매는 것과 같으니라
9. 미련한 자의 입의 잠언은 술 취한 자의 손에 든 가시나무 같으니라

➤ **이사야 34장 12-15절**

12. 그들이 국가를 이으려 하여 귀인들을 부르되 아무도 없겠고 그 모든 방백도 없게 될 것이요
13. 그 궁궐에는 가시나무가 나며 그 견고한 성에는 엉겅퀴와 새품이 자라서 시랑의 굴과 타조의 처소가 될 것이니
14. 들짐승이 이리와 만나며 숫염소가 그 동류를 부르며 올빼미가 거기 거하여 쉬는 처소를 삼으며
15. 부엉이가 거기 깃들이고 알을 낳아 까서 그 그늘에 모으며 솔개들도 그 짝과 함께 거기 모이리라

식물의 특징

국화과의 이년생 식물로 높이는 1m 정도이다. 줄기는 곧게 자라며 가지는 밑부분에서 갈라지며 난다. 줄기가 단단하고 억세며 센 가시가 돋아 있고 연한 녹색이다. 잎은 딱딱하고 날카로운 가시가 있으며 녹색이고 잎맥은 없다. 꽃은 작은 톱니처럼 뾰족하고 원추 화서(圓錐花序)로 피며 노란색으로 햇빛이 반사되면 황금색으로 보인다.

석회질이 풍부한 밀밭이나 공터 같은 자갈밭에서도 잘 자란다.

식물 관련 의미

성경에는 가시가 있는 식물들을 가리키는 히브리어와 그리스어가 약 20개 정도 나오며 70~80종의 가시가 돋아 있는 식물들이 서식하고 있다. 그러나 성경에서는 가시가 있는 식물에 대해 확실하게 가리키지는 않는다. 다만 그 시대에 서식하고 자랐던 가시 식물에 대한 많은 학자들의 연구에 의해 가능성을 추측할 뿐이다.

금엉겅퀴

가시나무는 징벌이나 불행을 표현할 때 사용되었으며, 이사야서 34장에서 에돔 땅에는 사람이 살 수 없을 정도로 저주받은 땅이 될 것을 나타내는 표현에 가시나무와 엉겅퀴가 사용되었다.

꽃

시리아엉겅퀴 (Syrian acanthus)

학명 Acanthus syriacus Boiss. (쥐꼬리망촛과: Acanthaceae) **히브리명** 바르칸(barqan) **원산지** 지중해
연안 **개화기** 3~5월
성경참조 삿 8:7, 8:16

관련 성경 구절

➤ **사사기 8장 6–9절**

6. 숙곳 방백들이 가로되 세바와 살문나의 손이 지금 어찌 네 손에 있관대 우리가 네 군대에게 떡을 주겠느냐
7. 기드온이 이르되 그러면 여호와께서 세바와 살문나를 내 손에 붙이신 후에 내가 들가시와 찔레로 너희 살을 찢으리라 하고
8. 거기서 브누엘에 올라가서 그들에게도 그같이 구한즉 브누엘 사람들의 대답도 숙곳 사람들의 대답과 같은지라
9. 기드온이 또 브누엘 사람들에게 일러 가로되 내가 평안이 돌아올 때에 이 망대를 헐리라 하니라

➤ **사사기 8장 16–17절**

16. 그 성읍 장로들을 잡고 들가시와 찔레로 숙곳 사람들을 징벌하고
17. 브누엘 망대를 헐며 그 성읍 사람들을 죽이니라

식물의 특징

시리아엉겅퀴는 '아칸다스(akands)'라는 헬라명으로도 불린다. 쥐꼬리망촛과로 다년생 식물이며 높이는 1m까지 자란다. 두툼한 줄기가 수직으로 올라오며 줄기에 잎이 회녹색으로 가죽질이며 마주나기로 타원형의 줄기 끝까지 빼곡하게 난다. 잎맥과 가장자리에 날카롭고 센 가시가 나 있다. 꽃은 수상 화서(穗狀花序)로 꽃대가 1m 정도로 길게 빼곡히 노란색으로 핀다.

이스라엘 평지와 산지 요르단, 골란 고원 등 팔레스타인 어느 곳에서나 쉽게 분포되어 자란다.

식물 관련 의미

사사기서에서는 기드온이 전쟁에서 미디안 군사들을 추격하는 과정에서 복수에 대한 마음을 들가시로 표현했다.

시리아엉겅퀴

잎

꽃

엉겅퀴류 2

❶ 토르네폴티 군데리아 ❷ 푼켄스절굿대 ❸ 흰무늬엉겅퀴

성경참조　샷 8:7, 8:16

관련 성경 구절

➤ **사사기 8장 7절**　기드온이 이르되 그러면 여호와께서 세바와 살문나를 내 손에 넘겨주신 후에 내가 들가시
　　　　　　　　　와 찔레로 너희 살을 찢으리라 하고

➤ **사사기 8장 16절**　그 성읍의 장로들을 붙잡아 들가시와 찔레로 숙곳 사람들을 징벌하고

식물 관련 의미

삿 8:7에서 하나님으로부터 이스라엘의 사사로 부르심을 받은 기드온은 하나님께서 기드온과 친히 함께하겠다고 하시며 미디안으로부터 이스라엘 백성을 구원하라는 사명을 받는다. 그러나 기드온은 하나님이 내가 너와 함께하겠다고 하셨음에도 불구하고 미디안의 습격을 두려워하여 하나님께 징표를 보여 주실 것을 간구한다. 그러한 기드온을 하나님은 저버리지 않으시고 기드온이 드린 제단의 음식으로 표징을 보여 주신다. 하나님은 그렇게 해서라도 자신의 백성들을 살리고 싶어하셨다. 기드온은 용사 삼백 명을 이끌고 요단강 넘어 미디안 병사들을 쫓을 때 숙곳을 지나는 길에 힘들고 지쳐 있는 자신과 병사들에게 먹을 것을 요청했으나 거절당한다. 기드온은 미디안 병사들을 무찌를 수 없을 것이란 생각으로 사람들에게 외면당할 때 숙곳 사람들에게 "세바와 살문나를 내 손에 넘겨주신 후에 내가 들가시와 찔레로 너희 살을 찢으리라."라고 엄포를 놓는다. 그러나 기드온은 삼백 명의 용사들을 이용해 하나님께서 함께하시므로 미디안의 방백들을 무찌르고 승리를 거두었다. 삿 8:16를 보면, 그 성읍의 장로들로 하여금 숙곳 사람들을 징벌하는 데에 들가시와 찔레가 사용되었음을 알 수 있다.

삿 8:7과 삿 8:16에서 기드온이 체벌로 사용했던 들가시와 찔레는 아마도 시리아엉겅퀴나 마리아엉겅퀴, 끈끈이절굿대 등을 채찍으로 사용했을 것으로 추정한다. 삿 6:11에서는 오브라 지역 사람 기드온이 미디안 사람에게 알리지 않고 밀을 포도주 틀에서 타작한다. 오브라 지역에는 엉겅퀴 종류가 많이 자라는데 특히 마리아엉겅퀴, 끈끈이절굿대가 잘 자라며 키가 워낙 커서 사람을 체벌하는 채찍으로 사용하는 데 가장 적합하지 않았을까 추정한다.

이렇듯 엉겅퀴는 창 3:16에서와 같이 하나님이 아담에게 내린 저주의 식물의 상징인 것처럼 인간의 땅에서도 징계의 도구나 황폐의 상징으로 불린다. 줄기부터 잎, 꽃까지도 온통 가시로 덮여 있기 때문에 동물들도 쉽게 접근을 못 한다. 그러나 팔레스타인이나 광야 같은 목초가 귀한 지역에서는 가시가 연약한 어린잎일 때에 염소나 양에게 먹이기도 한다.

토르네폴티 군데리아

푼켄스절굿대

흰무늬엉겅퀴 씨앗

엉겅퀴류 ❶ 토르네폴티 군데리아 (Gundelia tournefortii)

군데리아

꽃

학명 Notobasis Syriaca. L. (Cass)　**히브리명** 갈갈(galgal)　**원산지** 지중해 연안, 이집트, 유럽
개화기 3~5월　**성경참조** 시 83:13, 사 17:13

식물의 특징

　토르네폴티 군데리아 엉겅퀴는 중동 전 지역에 퍼져 자생하는 2년초 식물이다. 높이는 1m 정도 자라고 잎은 녹색으로 장타원형이며 표면에는 치상 돌기(齒狀突起)로 잔가시가 나 있다. 겨울에는 잎이 지면에 붙어 동절기를 보내고 봄철이 되면 꽃대가 잎 중앙에서 나와 끝에 달리며 지름 4~5cm 정도의 꽃이 날카로운 가시에 둘러싸인 두상 화서(頭狀花序)이다. 꽃이 진 후에는 날카로운 가시를 가진 작은 열매를 맺는다.

엉겅퀴류 ❷ 푼켄스절굿대 (Globe thistle)

군데리아

꽃

학명 Echinops Viscosum DC. **히브리명** 키포단 마쭈이(qifodan matsi) **원산지** 지중해 연안, 이집트
개화기 5~7월

식물 관련 의미

다년생 관목으로 높이는 120cm 정도로 곧게 자라며 줄기는 단단하고 가늘며 가시가 나 있다. 꽃은 줄기 맨 끝에 작은 공 모양으로 전체에 가시가 있으며 5~7월에 청보라색으로 핀다.

엉겅퀴류 ❸ 흰무늬엉겅퀴 (Milk thistle, Holy thistle)

학명 Silybum marianum L. (Gaerth) **히브리명** 바르칸 수리(barqan sur) **원산지** 지중해 연안, 이집트, 유럽 **개화기** 3~5월

식물의 특징

흰무늬엉경퀴는 2년초 식물이며 높이는 1m 정도로 자란다. 줄기가 올라오면서 줄무늬 가지로 변한다. 잎은 녹색이며 서로 마주나기로 얼룩덜룩한 무늬가 있고 날카로운 가시가 있다. 꽃은 꽃대가 중앙에서부터 나와 가지 끝에 흰색 또는 분홍색으로 날카로운 가시에 둘러싸여 핀다.

식물 관련 의미

전승에 따르면 'Milk thistle'는 성모 마리아가 아기 예수를 품에 안고 바로 왕을 피해 애굽으로 가던 중 길가에서 예수께 젖을 물렸을 때, 젖이 길섶에 있던 엉경퀴 잎에 떨어져 흰 반점들이 생겼다고 해서 젖엉경퀴 또는 마리아엉경퀴라 부르게 되었다. 마리아엉경퀴는 길가에서 잘 자라며 유기질이 풍부한 토양에서 잘 자란다.

'Holy thistle'는 성모 마리아가 예수님이 못 박혔던 십자가에서 뽑은 못을 땅에 묻었는데, 그 자리에서 엉경퀴가 돋아났다고 해서 '신성한 엉경퀴'라는 뜻이다. 마리아엉경퀴 씨를 먹으면 젖이 부족한 산모에게 젖이 많이 나오기도 한다. 씨를 볶아서 커피 대용으로도 마시며, 어린 싹은 샐러드로도 이용한다. 약초로도 쓰이는데, 달여서 먹으면 간장병, 황달, 정혈 등에 효능이 있다고 전해진다.

마리아엉경퀴

꽃

좁은잎꼭두서니 (부아, 부와, Dyer's madder)

사람 이름으로 사용된 식물

학명 Rubia tinctorum L. 히브리명 푸아(puah) 원산지 지중해 연안, 유럽, 서아시아 개화기 5~7월
성경참조 창 46:13, 출 1:15, 민 26:23, 삿 10:1, 대상 7:1

관련 성경 구절

➤ **창세기 46장 13절**

13. 잇사갈의 아들은 돌라와 부아와 욥과 시므론이요

➤ **출애굽기 1장 15절**

15. 애굽왕이 히브리 산파 십브라라 하는 사람과 부아라 하는 사람에게 말하여

➤ **민수기 26장 23절**

23. 잇사갈 자손의 종족들은 이러하니 돌라에게서 난 돌라 종족과 부와에게서 난 부니종족과

➤ **사사기 10장 1절**

1. 아비멜렉의 뒤를 이어서 잇사갈 사람 도도의 손자 부아의 아들 돌라가 일어나서 이스라엘을 구원하리라 그가 에브라임 산지 사밀에 거주하면서

식물의 특징

다년생 넝쿨 식물인 서양 꼭두서니는 꼭두서닛과에 속하며 높이가 50~80cm 정도 자란다. 줄기는 네모지고 속은 텅 비어 있으며 잎은 긴 장타형인 피침형으로 2~6개씩 돌려나기로 잔가시가 돋아 있다. 꽃은 황녹색으로 작은 꽃들이 모여 뭉쳐 피며 열매는 익으면서 검붉은 색으로 변한다. 뿌리에 수분이 많은 붉은 색소가 들어 있다. 뿌리는 염료 색소로도 사용되어 왔다.

식물 관련 의미

창 46:13, 민 26:23, 대상 7:1에서 '푸아(puah)'와 '부와'는 같은 뜻으로 사람 이름으로 나온다. 당시에는 식물이나 지명 이름을 사람 이름에 붙이는 경우가 흔하게 있었다고 한다.

열매

추출한 염료

케이퍼 덤불 [원욕(願慾), 아비요나, Caper, Desire]

식욕을 돋우는 향이 강한 식물

학명 Capparis spinosa L. (풍접초과: Capparaceae) 히브리명 아비요나(a'viyonah) 원산지 지중해 연안
개화기 4~5월
성경참조 전 12:5

관련 성경 구절   전도서 12장 4-8절

4. 길거리 문들이 닫혀질 것이며 맷돌 소리가 적어질 것이며 새의 소리를 인하여 일어날 것이며 음악하는 여자들은 다 쇠하여질 것이며
5. 그런 자들은 높은 곳을 두려워할 것이며 길에서는 놀랄 것이며 살구나무가 꽃이 필 것이며 메뚜기도 짐이 될 것이며 원욕이 그치리니 이는 사람이 자기 영원한 집으로 돌아가고 조문자들이 거리로 왕래하게 됨이라
6. 은줄이 풀리고 금그릇이 깨어지고 항아리가 샘 곁에서 깨어지고 바퀴가 우물 위에서 깨어지고
7. 흙은 여전히 땅으로 돌아가고 신은 그 주신 하나님께로 돌아가기 전에 기억하라
8. 전도자가 가로되 헛되고 헛되도다 모든 것이 헛되도다

식물의 특징

풍접초과 관상식물의 관목으로 높이는 1m 정도이다. 땅이나 담장 벽에 퍼지며 기어서 자라는 식물로 열매는 양쪽 귀퉁이가 뿔처럼 올라와 있다 하여 양각초라는 이름이 붙여졌다. 잎은 둥글고 줄기에 마주보기하며 연녹색이다. 꽃은 잎겨드랑이에서 꽃대가 나오며 흰색으로 핀다. 또한 4장의 꽃잎 안에 많은 수술들이 분수처럼 퍼져 있어 매우 화려하고 아름답다. 암술에 쌓여 있는 씨방은 익으면 터져 그곳에서 섬유질 같은 끈적한 액체가 나온다. 늦은 오후가 되면 꽃봉오리가 열리면서 꽃이 활짝 폈다가 아침이 되면 진다.

식물 관련 의미

전 12:5에서는 젊은이들에게 젊었을 때의 욕구에 대한 조언으로 케이퍼 덤불을 사용하였다. 향신료 맛이 강한 케이퍼조차도 맛을 느끼지 못하는 노인의 무능함을 비유로 해석하고 있다. 강한 향신료의 맛이 나는 이 식물은 지중해 지역에서 흔하게 볼 수 있으며 주로 성벽의 틈새에서 자란다. 중동 지역에서는 식욕을 돋우기 위해 케이퍼 열매나 싹을 식초에 절여 고기와 함께 먹기도 한다.

꽃

열매

식용과 약재로 쓰임.

성경
식물사전

성경에 나오는 식물

Biblical plants

생활용
식물

갈대 (Reed)

마음이 약한 사람을 일컬어 비유한 식물

학명 Arundo donax L. (볏과)　**히브리명** 카네(qaneh), 칼라메(kalaame)　**원산지** 온대 지방, 난대 지방
개화기 8~9월

성경참조 창 41:2, 41:5, 출 2:3, 2:5, 25:31-36, 왕상 14:15, 왕하 18:21, 욥 8:11, 40:21, 41:2, 41:20, 시 68:30, 사 19:6, 19:15, 35:7, 36:6, 42:3, 58:5, 렘 51:32, 겔 29:6, 40:3-8, 마 11:7, 12:20, 27:29, 27:30, 27:48, 막 15:19, 15:36, 눅 7:24, 계 11:1, 21:15, 21:16

관련 성경 구절

➤ **이사야 42장 1-4절**

1. 내가 붙드는 나의 종, 내 마음에 기뻐하는 나의 택한 사람을 보라 내가 나의 신을 그에게 주었은즉 그가 이방에 공의를 베풀리라
2. 그는 외치지 아니하며 목소리를 높이지 아니하며 그 소리로 거리에 들리게 아니하며
3. 상한 갈대를 꺾지 아니하며 꺼져가는 등불을 끄지 아니하고 진리로 공의를 베풀 것이며
4. 그는 쇠하지 아니하며 낙담하지 아니하고 세상에 공의를 세우기에 이르리니 섬들이 그 교훈을 앙망하리라

➤ **마태복음 11장 6-8절**

6. 누구든지 나를 인하여 실족하지 아니하는 자는 복이 있도다 하시니라
7. 저희가 떠나매 예수께서 무리에게 요한에 대하여 말씀하시되 너희가 무엇을 보려고 광야에 나갔더냐 바람에 흔들리는 갈대냐
8. 그러면 너희가 무엇을 보려고 나갔더냐 부드러운 옷 입은 사람이냐 부드러운 옷을 입은 자들은 왕궁에 있느니라

식물의 특징

갈대는 볏과의 여러해살이풀이며 습지나 물가에서 자라는 습지 식물로 일반 갈대와 물대가 있다. 높이는 1~3m 정도 자라며 줄기가 곧고 줄기에 마디가 있으며 속은 비어 있다. 줄기 끝에 뾰족한 잎과 깃털 모양의 꽃이 핀다. 습지 같은 물이 있는 곳에서 자라며 대나무와 같이 장대하게 자라기도 한다.

식물 관련 의미

팔레스타인에서는 갈대가 주로 바구니, 매트, 집의 지붕을 덮는 덮개 등을 만드는 재료로 사용되었다. 갈대의 특성상 줄기 속이 비어 있고 약해서 바람만 불어도 깃털이 흔들리지만 잘 꺾이지는 않는다. 사 42:3에서는 마음이 약하고 불쌍한 자를 갈대로 비유하였으며, 마 11:7에서는 갈대처럼 심지가 굳지 못한 자의 마음을 갈팡질팡 흔들리는 갈대에 비유했다.

갈대로 만든 소품

갈대숲

매더 (서양꼭두서니, 부아, Dyer's madder)

사람 이름으로 붙여진 식물

학명 Rubia tinctorum L. (꼭두서닛과) 히브리명 푸아(fuah) 원산지 지중해 연안, 서아시아
개화기 5~7월
성경참조 창 46:13, 민 26:23, 삿 10:1, 대상 7:1

관련 성경 구절

➤ **창세기 46장 13절**

13. 잇사갈의 아들 곧 돌라와 부와와 욥과 시므론이요

➤ **민수기 26장 23절**

23. 잇사갈 자손은 그 종족대로 이러하니 돌라에게서 난 돌라 가족과 부와에게서 난 부니 가족과

➤ **사사기 10장 1절**

1. 아비멜렉의 후에 잇사갈 사람 도도의 손자 부아의 아들 돌라가 일어나서 이스라엘을 구원하니라 그가 에브라임 산지 사밀에 거하여

➤ **역대상 7장 1절**

1. 잇사갈 자손은 그 종족대로 이러하니 돌라에게서 난 돌라 가족과 부와에게서 난 부니 가족과

생활용 식물

식물의 특징

매더(madder)는 서양꼭두서니를 말한다. 꼭두서닛과로 덩굴성 다년초 식물이며 50~100cm 까지 자란다. 줄기는 네모지며 속은 비어 있고 가지에는 날카로운 가시들이 있다. 잎은 나선 형 태로 거친 털이 있으며, 꽃은 5~7월에 황녹색으로 뭉쳐서 핀다. 열매는 익으면 검붉은 색이나 검은색으로 변한다. 붉은색 염료로 쓰이며 머리카락 염색의 원료로도 사용된다.

식물 관련 의미

히브리어 푸아(fuah)는 성경에서 '부아'로 사람 이름으로 5회 정도 나온다. 창 46:13과 민 26:23에서는 잇사갈의 둘째 아들 이름으로 나오며, 삿 10:1에서는 도도의 손자 부아라고 나온 다. 영명인 매더(madder)는 '서양꼭두서니'이며 '부아'라고도 불린다.

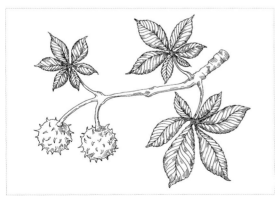

열매

잎

목화 (Cotton, Cotton plant)

옷을 만드는 데 사용된 식물

학명 Gossypium herbaceum L. (아욱과) **히브리명** 호라이(chora), 카르파스(karpas) **원산지** 에티오피아, 인도 **개화기** 7~8월

성경참조 에 1:6, 사 19:9

관련 성경 구절

➤ **에스더 1장 5-8절 / 카르파스(karpas)**

5. 이 날이 다하매 왕이 또 도성 수산 대소 인민을 위하여 왕궁 후원 뜰에서 칠 일 동안 잔치를 베풀새

6. 백색, 녹색, 청색 휘장을 자색 가는 베줄로 대리석 기둥 은고리에 매고 금과 은으로 만든 걸상을 화반석, 백석, 운모석, 흑석을 깐 땅에 진설하고

7. 금잔으로 마시게 하니 잔의 식양이 각기 다르고 왕의 풍부한 대로 어주가 한이 없으며

8. 마시는 것도 규모가 있어 사람으로 억지로 하지 않게 하니 이는 왕이 모든 궁내 관리에게 명하여 각 사람으로 마음대로 하게 함이더라

➤ **이사야 19장 8-10절 / 호라이(chora)**

8. 어부들은 탄식하며 무릇 나일 강에 낚시를 던지는 자는 슬퍼하며 물에 그물을 치는 자는 피곤할 것이며

9. 세마포를 만드는 자와 백목을 짜는 자들이 수치를 당할 것이며

10. 애굽의 기둥이 부숴지고 품꾼들이 다 마음에 근심하리라

식물의 특징

아욱과의 한해살이 식물로 파키스탄과 에티오피아, 인도가 원산지인 목화는 보통 온대 지역에서는 1년생 관목으로 재배되지만, 열대 지역에서는 다년생 교목으로 자란다. 재배되는 관목은 6~7개월의 생장 기간 동안 키가 1~2m까지 자란다. 꽃은 노란색이고 꽃 안쪽으로는 자주색이다.

식물 관련 의미

목화는 5천 년 전부터 파키스탄에서 옷감을 짜는 데 사용되었다. 오래된 것으로 추정된 면직물들이 그 당시 인더스 계곡이 있는 파키스탄에서 발견되었다. 에 1:6에서 사용할 당시는 주전 485~465년 아하수로(크세르크세스) 시대이며 바빌론에서 일어난 이야기이다. 목화류는 바빌로니아에서 생산되어 직접 거래되었던 것으로 추정된다. 이 시기에 이스라엘은 목화류가 없었으며 주전 말기가 되어서야 재배되기 시작했다. 목화류는 옷을 만드는 데 주재료로 사용되었다. 사 19:9에서 '호라이(chora)'는 목화를 짜는 사람을 말하고 있다.

꽃

목화솜

솜털

박 (호리병, Bottle gourd)

고대 근동 지방에서 무더위를 식혀 준 고마운 식물

학명 Lagenaria siceraria Standl. (박과)   **히브리명** 페카임(peqa'im)   **원산지** 아프리카, 인도, 아시아
개화기 7~8월
성경참조 왕상 6:18, 7:24

관련 성경 구절

➤ **열왕기상 6장 18−20절**

18. 전 안에 입힌 백향목에는 박과 핀 꽃을 아로새겼고 모두 백향목이라 돌이 보이지 아니하며

19. 여호와의 언약궤를 두기 위하여 전 안에 내소를 예비하였는데

20. 그 내소의 속이 장이 이십 규빗이요 광이 이십 규빗이요 고가 이십 규빗이라 정금으로 입혔고 백향목 단에도 입혔더라

➤ **열왕기상 7장 23−24절**

23. 또 바다를 부어 만들었으니 그 직경이 십 규빗이요 그 모양이 둥글며 그 고는 다섯 규빗이요 주위는 삼십 규빗 줄을 두를 만하며

24. 그 가장자리 아래에는 돌아가며 박이 있는데 매 규빗에 열 개씩 있어서 바다 주위에 둘렸으니 그 박은 바다를 부어 만들 때에 두 줄로 부어 만들었으며

식물의 특징

박은 박과로 일년생의 덩굴 식물이다. 줄기 전체에 짧은 털이 있으며, 전체적으로 까칠하다. 담장이나 지붕 위에 줄을 타고 자란다. 여름에 흰 꽃이 피고 잎은 심장 모양이다. 열매는 둥글고 지름이 약 30~40cm 정도이다. 열매를 두 쪽으로 쪼개어 속을 긁어내어 음식 재료로 사용하고 말려서 바가지로도 사용한다. 고대 근동 때에 오두막이나 신을 모신 시렁을 짓는 데 흔히 사용되었다.

박

식물 관련 의미

박은 수천 년 전부터 고대 근동 지역에서 물건이나 음식을 담는 그릇으로 사용되었다. 박 넝쿨과 큰 잎들은 근동 지방의 무더위를 식혀 주는 역할로도 사용되었다. 왕상 6:18에서는 솔로몬이 성전 안에 무더위를 식혀 줄 박 넝쿨과 큰 잎들이 활짝 피어 있는 꽃으로 덮여 있었기 때문에 백향목 같이 보이지 않고 통나무집처럼 보였을 정도로 박은 무더위에 고마운 식물이다. 왕상 7:24에서도 놋(청동)으로 부은 바다(물두멍)의 장식을 마무리할 때에도 박이 사용되었다.

박 열매

벌가새 (엘림, Bean caper)

지명으로 사용된 식물

학명 Zygophyllum demosum Boiss. (남가샛과) 히브리명 아일(ail), 엘림(aelim) 원산지 지중해 연안, 중동 지역. 터키 개화기 3월
성경참조 출 15:27, 16:1, 민 33:9-10

관련 성경 구절

➤ **출애굽기 15장 27절**

  27. 그들이 엘림에 이르니 거기에 물 샘 열둘과 종려나무 일흔 그루가 있는지라 거기서 그들이 그 물 곁에 장막을 치니라

➤ **민수기 33장 9−10절**

  9. 마라를 떠나 엘림에 이르니 엘림에는 샘물 열둘과 종려 칠십 그루가 있으므로 거기에 진을 치고

  10. 엘림을 떠나 홍해 가에 진을 치고

식물의 특징

남가샛과의 상록 교목으로 높이가 1m 정도이다. 사막 지대와 같은 뜨겁고 건조한 곳에서 잘 자라며 심한 가뭄에서도 잘 버티어 내는 강한 식물이다. 나무의 나이테가 300개가 넘는 게 특징이다. 잎은 가죽 같이 두껍고 단단하며 잎자루는 원통형이며 작은 잎들은 긴 타원형으로 2개로 나눠진다. 잎은 건기가 되면 떨어지며 꽃은 흰색으로 3월부터 피기 시작한다. 꽃잎은 5장씩 서로 겹쳐 있으며 꽃받침이 있다. 열매는 익으면 진한 갈색이 되며 자연적으로 떨어진다.

식물 관련 의미

출 15:27에서는 모세가 출애굽 한 이스라엘 민족들을 이끌고 홍해를 건너 수르 광야를 지나 마라에 도착해 그곳에 머물다 엘림에 이르니 마실 물과 종려나무 그늘이 있었다. 민 33:9에서는 같은 내용을 한 번 더 반복해 설명한다. 이스라엘 백성이 마라를 떠나 엘림에 도착해 보니 마라에서는 없었던 샘물이 열두 개나 있고 종려나무 칠십 그루가 있어 그곳에 장막을 쳤다. 종려나무는 이스라엘 민족, 즉 하나님께서 백성에 대한 사랑으로 지친 그들을 위해 준비한 곳이기도 하다. 히브리명인 엘림(aelim)은 식물명을 지명으로 사용한 것이고, 아랍명인 '일람'은 '벌가새'를 가리킨 것으로 아마도 엘림 지역이 구약 시대 당시 광야 지대로 벌가새가 많았던 것으로 보인다.

벌가새

열매

부들 (갈대, 달, 바다풀, Cattail, Reed mace)

아기 모세를 담았던 갈대 상자의 재료 중 하나

학명 Typha sp. (부들과) **히브리명** 쑤프(suf) **원산지** 지중해 연안, 동부 아시아, 아프리카 **개화기** 6~7월
성경참조 출 2:3-5, 사 19:6, 욘 2:5, 행 7:36

관련 성경 구절

▶ **출애굽기 2장 1–3절**

1. 레위 가족 중 한 사람이 가서 레위 여자에게 장가 들어
2. 그 여자가 임신하여 아들을 낳으니 그가 잘 생긴 것을 보고 석 달 동안 그를 숨겼으나
3. 더 숨길 수 없게 되매 그를 위하여 갈대 상자를 가져다가 역청과 나무 진을 칠하고 아기를 거기 담아 나일강가 갈대 사이에 두고

▶ **이사야 19장 5–7절**

5. 바닷물이 없어지겠고 강이 잦아서 마르겠고
6. 강들에서는 악취가 나겠고 애굽의 강물은 줄어들고 마르므로 갈대와 부들이 시들겠으며
7. 나일 가까운 곳 나일 언덕의 초장과 나일 강 가까운 곡식 밭이 다 말라서 날려가 없어질 것이며

식물의 특징

부들과의 여러해살이풀이며 주로 습한 곳인 개울가나 연못가에서 자생한다. 줄기는 위로 곧게 자라고 줄기 맨 끝에는 소시지 모양의 열매를 맺는다. 높이는 1~1.5m 정도 자라며 잎은 선형으로 6~7월에 원주형의 황토색 꽃이 핀다. 꽃가루는 11월경에 열매가 달리며 7~10cm 정도의 적갈색이다.

의료품으로도 사용된다.

부들 밭

식물 관련 의미

출 2:3에서 모세를 담았던 갈대 상자인 '고메(gome)'는 파피루스를 말하며 나일강가를 거닐 때에 갈대 사이의 갈대는 '쑤프(suf, 갈대, 달, 바다풀)'를 말한다. 나일강은 고대 애굽인들에게는 풍요와 건강을 제공하는 신성한 지역으로 간주되었다. 그러므로 이 강 유역에는 여인들을 위한 특별한 장소를 설치해 두고 일종의 종교 의식으로서 다산(多産)과 안녕을 기원하는 마음으로 목욕을 할 수 있도록 했다.

부들

창포 (레몬그라스, 생강그라스, 사탕수수, 향품, Lemon grass)

제사장이 사용했던 관유의 원료 중 하나

학명 Cymbopogen citratus Stapf (볏과) **히브리명** 카네(qaneh), 케네보쎔(qeneh bosem), 카네하토브
(qaneh hatton) **원산지** 인도, 아프리카, 사하라, 중남미 일대 **개화기** 5~8월

성경참조 카네(qaneh) / 아 4:14, 사 43:24, 겔 27:19-20

케네보쎔(qeneh bosem) / 출 30:23   카네하토브(qaneh hatton) / 렘 6:20

관련 성경 구절

➤ **출애굽기 30장 22-23절**

22. 여호와께서 모세에게 또 일러 가라사대
23. 너는 상등 향품을 취하되 액체 몰약 오백 세겔과 그 반수의 향기로운 육계 이백오십 세겔과 향기로운 창포 이백 오십 세겔과

➤ **에스겔 27장 19-20절**

19. 워단과 야완은 길쌈하는 실로 네 물품을 무역하였음이여 백철과 육계와 창포가 네 상품 중에 있었도다
20. 드단은 네 장사가 되었음이여 탈 때 까는 담으로 너와 무역하였도다

➤ **예레미야 6장 20절**

20. 시바에서 유향과 원방에서 향품을 내게로 가져옴은 어찜이요 나는 그들의 번제를 받지 아니하며 그들의 희생을 달게 여기지 않노라

식물의 특징

벗과의 다년생 식물로 높이는 1m 이상 그룹을 지으며 밑부분부터 뭉쳐서 위로 퍼지며 자란다. 잎은 진녹색으로 날렵한 칼 모양을 하고 있으며 풀잎처럼 뻣뻣하다. 잎들을 증류하여 기름을 추출하는데, 추출된 기름은 향품이나 향유의 재료로 쓰인다. 원료는 제사장의 종교적 예식을 치를 때 관유로도 사용되며 화장품, 의약품, 식재료의 원료로 사용된다.

식물 관련 의미

'카네(qaneh)'는 갈대(reed)로 속이 빈 줄기 대(stalk)를 의미한다. 출 30:23에서 히브리어 '케네보쎔(qeneh bosem)'의 의미는 향기로운 창포를 뜻하며 제사장에게 붓는 기름으로 사용된 재료의 일부였다. 사 43:24에서의 기름은 '카네하토브(qaneh hatton)'로 창포가 제사 때 종교적으로 사용되었음을 알 수 있다. 렘 6:20에서는 카네가 향긋한 냄새가 나는 창포 기름으로 향기가 가득했다는 것을 보여 준다.

창포

꽃

창포

파피루스 (Nile papyrus, Egyptian paper plant)

고대 근동 시대에 생활용품으로 사용되었던 재료 중 하나

학명 Cyperus papyrus L. (사초과) 히브리명 고메(gome) 원산지 이집트, 열대 지방 개화기 5~10월
성경참조 출 2:3, 욥 8:11, 사 18:1-2, 19:6, 35:7

관련 성경 구절

➤ **출애굽기 2장 2−3절**

2. 그 여자가 잉태하여 아들을 낳아 그 준수함을 보고 그를 석 달을 숨겼더니
3. 더 숨길 수 없이 되매 그를 위하여 갈 상자를 가져다가 역청과 나무 진을 칠하고 아이를 거기 담아 하숫가 갈대 사이에 두고

➤ **욥기 8장 11−12절**

11. 왕골이 진펄이 아니고 나겠으며 갈대가 물 없이 자라겠느냐
12. 이런 것은 푸르러도 아직 벨 때 되기 전에 다른 풀보다 일찌기 마르느니라

➤ **이사야 18장 1−2절**

1. 슬프다 구스의 강 건너편 날개 치는 소리 나는 땅이여
2. 갈대배를 물에 띄우고 그 사자를 수로로 보내며 이르기를 너희 경첩한 사자들아 너희는 강들이 흘러 나누인 나라로 가되 장대하고 준수한 백성 곧 시초부터 두려움이 되며 강성하여 대적을 밟는 백성에게로 가라 하도다

식물의 특징

파피루스는 물가에서 자라는 사초과의 식물로 높이는 6m까지 자란다. 여러 개의 꽃줄기가 위로 뻗쳐 있다. 줄기는 진녹색의 세모 모양을 하고 있으며 맨 위쪽으로 두상 화서(頭狀花序)를 이루며 맨 끝부분에는 각각의 작은 꽃들이 핀다.

식물 관련 의미

파피루스는 고대 근동 시대 때부터 여러 가지 생필품을 만드는 재료로 많이 사용되었다. 이집트에서는 파피루스의 줄기를 이용해 주로 바구니, 상자, 밧줄, 종이를 만들었다.

출 2:3에서는 히브리인 요게벳이 애굽왕의 분노를 피해 아들을 상자에 넣어 나일강으로 흘려보내 목숨을 구했다. 욥 8:11에서 욥의 친구 발닷은 욥에게 왕골이 진펄이 아닌 데서 크게 자라겠으며 갈대가 물 없는 데서 크게 자라겠느냐며 물의 필요성을 파피루스로 비유를 들었다. 파피루스는 특성상 물이 없이는 자랄 수 없는 식물이다.

꽃

잎

줄기

피마자 (박넝쿨, Castor bean, Castor oil plant)

뜨거운 태양으로부터 그늘을 가리운 식물의 잎

학명 Ricinus communis L. (대극과) 히브리명 키카욘(qiqayon) 원산지 아열대 및 열대성 기후 지역, 아프리카 개화기 3~11월

성경참조 욘 4:6-7, 4:9-10

관련 성경 구절

➤ 요나 4장 6-7절

6. 하나님 여호와께서 박넝쿨을 준비하사 요나 위에 가리우게 하셨으니 이는 그 머리를 위하여 그늘이 지게 하며 그 괴로움을 면케 하려 하심이었더라 요나가 박넝쿨을 인하여 심히 기뻐하였더니

7. 하나님이 벌레를 준비하사 이튿날 새벽에 그 박넝쿨을 씹게 하시매 곧 시드니라

➤ 요나 4장 9-10절

9. 하나님이 요나에게 이르시되 네가 이 박넝쿨로 인하여 성냄이 어찌 합당하냐 그가 대답하되 내가 성내어 죽기까지 할지라도 합당하니이다

10. 여호와께서 가라사대 네가 수고도 아니하였고 배양도 아니하였고 하룻밤에 났다가 하룻밤에 망한 이 박넝쿨을 네가 아꼈거든

식물의 특징

대극과의 다년생 관목이다. 아열대 기후에서 자라는 피마자는 높이가 4m까지 높게 자란다. 잎은 크고 7~11개의 손바닥 모양으로 갈라져 있다. 잎 가장자리는 톱니처럼 나 있으며 잎이 자랄 때는 붉은색이 돌지만 자라면서 서서히 녹색으로 변한다. 꽃은 수상 화서로 위에는 암꽃, 아래쪽에는 수꽃이 3~11월에 핀다. 열매는 타원형으로 길이가 1~3cm 정도이며 가시 같은 돌기가 나 있는데 날카롭지는 않다. 열매 안에는 2~3개의 씨앗이 들어 있다.

피마자기름은 의약품과 식생활에 사용되고 있으나, 피마자기름에는 독성이 강하게 함유되어 있기도 하다.

식물 관련 의미

욘 4:6에서 하나님은 요나에게 피마자를 예비하시고 뜨거운 태양으로부터 그늘을 만들어 요나를 보호하셨다. 피마자의 잎이 넓어 강한 햇빛을 가려 그늘을 만들어 주기도 한다. 고대 시대엔 피마자기름을 짜서 의약품으로 사용하기도 하였으며 설사를 멈추게 하는 데에도 사용하였다. 이집트에서는 이미 6000년 전에 피마자가 발견되었는데 일찍부터 생활 속에 사용되어 온 것으로 보인다.

꽃

열매와 잎

열매

하마다 (비누, 잿물, Hammada)

세탁자가 사용했던 잿물의 재료

학명 Hammada sp (명아줏과) **히브리명** 보르(bor), 보리트(borith) **원산지** 시나이, 네게브, 아라바 계곡
개화기 9~11월
성경참조 욥 9:30, 사 1:25, 렘 2:22, 말 3:2

관련 성경 구절

➤ **욥기 9장 30-31절**

30. 내가 눈 녹은 물로 몸을 씻고 잿물로 손을 깨끗이 할지라도

31. 주께서 나를 개천에 빠지게 하시리니 내 옷이라도 나를 싫어하리이다

➤ **예레미야 2장 22절**

22. 주 여호와 내가 말하노라 네가 잿물로 스스로 씻으며 수다한 비누를 쓸지라도 네 죄악이 오히려 내 앞에 그저 있으리니

➤ **말라기 3장 1-2절**

1. 만군의 여호와가 이르노라 보라 내가 내 사자를 보내리니 그가 내 앞에서 길을 예비할 것이요 또 너희의 구하는 바 주가 홀연히 그 전에 임하리니 곧 너희의 사모하는 바 언약의 사자가 임할 것이라

2. 그의 임하는 날을 누가 능히 당하며 그의 나타나는 때에 누가 능히 서리요 그는 금을 연단하는 자의 불과 표백하는 자의 잿물과 같을 것이라

식물의 특징

하마다는 명아줏과의 반(半) 관목으로 이스라엘에서는 아카시아나무 부근에서 초원처럼 퍼지며 자란다. 높이는 50~100cm 정도로 자란다. 잎은 없으며 줄기가 곧고 마디가 있으며 나무처럼 딱딱하다. 가지들이 위쪽을 향하여 다른 가지들과 복잡하게 엉키면서 자란다. 꽃은 초겨울인 9~11월에 흰색과 회녹색으로 피며 열매에는 종자가 들어 있다.

식물 관련 의미

'보르(bor)'는 비누, 잿물을 의미한다. 욥 9:30에서 잿물, 곧 비누로 손을 깨끗하게 씻는 데 사용되었다. 렘 2:22에서는 깨끗하게 몸을 씻는 데 비누를 사용하였다. 그러나 이 시대에는 비누가 없었으며 비누와 같은 느낌이 나는 '보리트(borith)'인 알칼리 광물질을 사용하였다. '보리트(borith)'는 잿물, 알칼리성 비누를 의미하며 하나님은 이스라엘 백성들의 죄가 잿물로 씻고 많은 비누로 씻을지라도 악한 죄가 사라지지 않음을 강조하셨다.

비누

열매

원료

성경
식물사전

식용
식물

고수 (깟, Coriander)

광야에서 하나님이 공급했던 만나를 설명하기 위해 사용한 식물

학명 Coriandrum sativum Linn. (산형과) 히브리명 가드(gad) 원산지 지중해 연안 개화기 5월
성경참조 출 16:31, 민 11:7

관련 성경 구절　출애굽기 16장 28−35절

28. 여호와께서 모세에게 이르시되 어느 때까지 너희가 내 계명과 내 율법을 지키지 아니하려느냐
29. 볼지어다 여호와가 너희에게 안식일을 줌으로 제 육 일에는 이틀 양식을 너희에게 주는 것이니 너희는 각기 처소에 있고 제 칠 일에는 아무도 그 처소에서 나오지 말지니라
30. 그러므로 백성이 제 칠 일에 안식하니라
31. 이스라엘 족속이 그 이름을 만나라 하였으며 깟씨 같고도 희고 맛은 꿀 섞은 과자 같았더라
32. 모세가 가로되 여호와께서 이같이 명하시기를 이것을 오멜에 채워서 너의 대대 후손을 위하여 간수하라 이는 내가 너희를 애굽 땅에서 인도하여 낼 때에 광야에서 너희에게 먹인 양식을 그들에게 보이기 위함이니라 하셨다 하고
33. 또 아론에게 이르되 항아리를 가져다가 그 속에 만나 한 오멜을 담아 여호와 앞에 두어 너희 대대로 간수하라
34. 아론이 여호와께서 모세에게 명하신 대로 그것을 증거판 앞에 두어 간수하게 하였고
35. 이스라엘 자손이 사람 사는 땅에 이르기까지 사십 년 동안 만나를 먹되 곧 가나안 지경에 이르기까지 그들이 만나를 먹었더라

식물의 특징

산형과의 1년생 식물로 높이는 30~60cm 정도 자라며 줄기의 속은 텅 비어 있다. 잎은 줄기부터 서로 마주보기로 두 잎이 나며 잎 끝부분이 갈라지며 여러 갈래로 찢어져 있다. 5월이 되면 흰색의 꽃잎이 자잘하게 끝이 갈라져 줄기 끝에 산형 화서(繖形花序)로 모여 핀다. 꽃이 지고 나면 열매가 둥글게 열리며 향기가 있는데, 이 열매가 바로 성경에 나오는 만나와 비슷하다. 열매 안의 씨앗은 끝이 뾰족하고 타원형으로 표면에 골이 파여 있다. 열대 지방에서는 음식의 재료로 향이 진한 고수를 많이 사용한다.

가루

식물 관련 의미

고수(깟)는 히브리명 '가드(gad)'로 원어 그대로 불리며 성경에서는 만나를 설명하기 위해 사용된 것으로 나타난다. 깟은 고수풀을 말하고 있으며 공동 번역에서는 깟씨를 고수풀씨로 번역하고 있다. 잎을 부비면 빈대 냄새가 나고, 황갈색의 씨앗에서는 아니스 향이 난다. 이스라엘 민족이 출애굽 후 광야 생활 40년 중 음식물이 부족하여 원망과 불평을 할 때 하늘로부터 공급받은 식물이다. 출 16:31에서는 만나를 깟씨 같이 희고 꿀 섞은 과자 같았다고 표현했다.

잎

식용 식물

나문재나무 (짠 나물, Orache, Saltwort)

욥이 자신의 처지와 닮았다고 푸념한 나무

학명 Atriplex halimus L. (명아줏과)   **히브리명** 말루아흐(malluach)   **원산지** 지중해 연안, 사하라
개화기 3~4월, 8~10월
성경참조 욥 30:4

관련 성경 구절   욥기 30장 2-7절

2. 그들은 장년의 기력이 쇠한 자니 그 손의 힘이 내게 무엇이 유익하랴
3. 그들은 곧 궁핍과 기근으로 파리하매 캄캄하고 거친 들에서 마른 흙을 씹으며
4. 떨기나무 가운데서 짠 나물도 꺾으며 대싸리 뿌리로 식물을 삼느니라
5. 무리는 도적을 외침 같이 그들에게 소리지름으로 그들은 사람 가운데서 쫓겨나서
6. 침침한 골짜기와 구덩이와 바위 구멍에서 살며
7. 떨기나무 가운데서 나귀처럼 부르짖으며 가시나무 아래 모여 있느니라

식물의 특징

짠 나물은 명아줏과의 작은 관목으로 높이가 1~2m 정도 자란다. 밑에서부터 줄기가 구부러져 큰 포기를 이루고 자라며 잎은 회녹색으로 가루 같은 털로 덮여 있다. 잎은 서로 엇갈려 나고 잎자루는 없으며 잎 가장자리는 잔물결 모양이다. 꽃은 자잘한 송이가 빽빽하게 수상 화서(穗狀花序)로 난다.

소금기가 있는 바닷가 근처에서 자라며 소금기 없는 땅에서도 자라기도 한다.

식물 관련 의미

욥 30:4에서 젊은 친구들이 욥이 고통 중에 있는 모습을 비웃자 현재 자신의 상황에 대한 고통을 혼잣말로 쏟아 내며 짠 나물은 자신이 부자였을 때 비천한 자들이 먹던 음식이었음을 하소연한다. 욥은 혼잣말로 떨기나무 가운데서 짠 나물을 꺾으며 대싸리 뿌리로 먹을거리를 삼았음을 되새기고 있다. 염분이 많은 짠 나물은 비천한 이들이 먹었던 음식의 재료였던 것으로, 히브리어 '말루아흐(malluach)'는 지중해 연안 해안가에서 주로 자라며 소금기를 머금고 있어 짭짤한 맛을 낸다.

꽃

사막에서도 자라는 짠 나물

꽃

리크 (지중해 부추, Leek)

이스라엘 백성들이 애굽을 떠난 후 그리워하던 채소 중 하나

학명 Allium porrum L. (백합과: Liliaceae)　히브리명 하찌르(chatsir)　원산지 지중해 연안, 서유럽, 중동, 터키　개화기 4~5월

성경참조 민 11:5

4. 이스라엘 중에 섞여 사는 무리가 탐욕을 품으매 이스라엘 자손도 다시 울며 가로되 누가 우리에게 고기를 주어 먹게 할꼬
5. 우리가 애굽에 있을 때에는 값 없이 생선과 외와 수박과 부추와 파와 마늘들을 먹은 것이 생각나거늘
6. 이제는 우리 정력이 쇠약하되 이 만나 외에는 보이는 것이 아무 것도 없도다 하니
7. 만나는 깟씨와 같고 모양은 진주와 같은 것이라
8. 백성이 두루 다니며 그것을 거두어 맷돌에 갈기도 하며 절구에 찧기도 하고 가마에 삶기도 하여 과자를 만들었으니 그 맛이 기름 섞은 과자 맛 같았더라

식물의 특징

백합과에 속하는 1년생 여러해살이 식물이다. 긴 선형의 넓적한 잎들이 길게 올라오며 꽃은 산형으로 꽃차례를 이루며 핀다. 뿌리는 재배종에는 없으나 야생종에는 양파와 같은 알뿌리가 있다. 우리나라 부추와는 전혀 다른 식물로 줄기의 잎이 마늘잎을 닮았으나 약간 굵다. 지중해 동부와 유럽에서는 단맛이 나는 리크를 요리에 사용하며 중세 시대 로마인들에 의해 유럽 전역으로 확산되었다.

식물 관련 의미

기원전 3200년경 고대 이집트에서는 이미 파, 양파, 마늘 등을 먹었던 것으로 알려졌다. 주로 가난한 사람들이 즐겨 먹었던 식재료이며 이스라엘 백성들이 광야와 애굽에서 먹었던 음식 중 하나이다.

민수기서에서 부추는 영어의 Leek를 말하며, 우리나라에서 나는 부추와는 전혀 다른 것으로 단맛이 나며 마늘잎에 가깝다고 할 수 있다. 유럽에서는 지금도 스프를 해서 먹거나 생으로 샐러드를 해서 먹기도 한다.

꽃

요리 재료로 사용됨.

식용식물

마늘 (Garlic)

이스라엘 백성들이 광야 생활 중 그리워하던 식물 중 하나

학명 Allium sativum L. (백합과) **히브리명** 슘(shum) **원산지** 지중해 연안, 중앙아시아 **개화기** 3~4월
성경참조 민 11:5

관련 성경 구절　민수기 11장 4-8절

4. 이스라엘 중에 섞여 사는 무리가 탐욕을 품으매 이스라엘 자손도 다시 울며 가로되 누가 우리에게 고기를 주어 먹게 할꼬
5. 우리가 애굽에 있을 때에는 값 없이 생선과 외와 수박과 부추와 파와 마늘들을 먹은 것이 생각나거늘
6. 이제는 우리 정력이 쇠약하되 이 만나 외에는 보이는 것이 아무 것도 없도다 하니
7. 만나는 깟씨와 같고 모양은 진주와 같은 것이라
8. 백성이 두루 다니며 그것을 거두어 맷돌에 갈기도 하며 절구에 찧기도 하고 가마에 삶기도 하여 과자를 만들었으니 그 맛이 기름 섞은 과자 맛 같았더라

식물의 특징

마늘은 백합과로 다년생 재배 식물이며 알뿌리 식물이다. 알뿌리에는 5~6쪽의 작은 인경이 들어 있다. 원산지는 지중해 연안, 중앙아시아이며 향이 강하고 매운맛이 난다. 마늘은 씨로 번식하는 식물이 아니기 때문에 영어 표기로 마늘 한 쪽(cloves)이라고 부른다.

음식의 재료로 사용되며 여러 효능이 있어 약재로서의 기능도 탁월하다.

식물 관련 의미

마늘은 근동 시대 때부터 사용한 것으로 알려져 있으며 애굽에서는 일찍이 마늘을 음식에 즐겨 사용하였다. 팔레스타인에서도 재배되었으며 유대인들은 음식물에 마늘을 많이 사용하였던 것으로 기록되어 있다. 특히 유대인들이 마늘을 즐겨 먹은 탓에 헬라인 및 로마인들은 그들을 '마늘 구린내'라고 조롱했다고 전해진다.

민 11:5에서는 광야 생활로 지쳐 가던 이스라엘 백성들이 애굽에서 먹었던 음식의 하나인 마늘을 그리워하고 있다.

식용 식물

꽃

마늘

줄기

밀 (Durum wheat)

이스라엘 사람들의 식생활에서 주(主)가 되었던 곡식

학명 Triticum aestivum L. (볏과)　**히브리명** 히타(chittah), 쿠세메트(kusemeth), 프로스(puros)
원산지 팔레스타인, 레바논, 시리아, 이란　**개화기** 4~5월

성경참조 창 30:14, 출 9:32, 29:2, 34:22, 신 8:8, 32:14, 삿 6:11, 15:1, 룻 2:23, 삼상 6:13, 12:17, 삼하 4:6,
17:28, 왕상 5:11, 25; 대상 21:20 대하 2:10, 27:5 욥 31:40 사 28:25, 렘 12:13, 41:8, 겔 4:9, 45:13,
마 12:1, 막 2:23, 눅 3:17, 6:1, 16:7, 22:31, 요 12:24, 고전 15:37, 계 6:6, 18:13

관련 성경 구절

➤ 신명기 8장 7−10절

7. 네 하나님 여호와께서 너를 아름다운 땅에 이르게 하시나니 그 곳은 골짜기에든지 산지에든지 시내와 분천과 샘이 흐르고

8. 밀과 보리의 소산지요 포도와 무화과와 석류와 감람들의 나무와 꿀의 소산지라

9. 너의 먹는 식물의 결핍함이 없고 네게 아무 부족함이 없는 땅이며 그 땅의 돌은 철이요 산에서는 동을 캘 것이라

10. 네가 먹어서 배불리고 네 하나님 여호와께서 옥토로 네게 주셨음을 인하여 그를 찬송하리라

➤ 요한복음 12장 23−25절

23. 예수께서 대답하여 가라사대 인자의 영광을 얻을 때가 왔도다

24. 내가 진실로 진실로 너희에게 이르노니 한 알의 밀이 땅에 떨어져 죽지 아니하면 한 알 그대로 있고 죽으면 많은 열매를 맺느니라

25. 자기 생명을 사랑하는 자는 잃어버릴 것이요 이 세상에서 자기 생명을 미워하는 자는 영생하도록 보존하리라

식물의 특징

밀은 볏과의 한해살이풀로 쌀, 보리와 같이 볏과에 속한다. 높이는 70~100cm 정도 자라며 마디는 속이 텅 비어 있다. 한 줄기 이삭에 알알이 알갱이가 빼곡히 박혀 있다. 팔레스타인에서는 주로 우기가 시작되는 11~12월경에 파종하여 4~6월에 수확한다.

식물 관련 의미

밀은 수천 년 동안 비옥한 땅인 고대 이스라엘에서 사람들의 식생활에서 주(主)가 되는 음식물이었다. 밀을 생산하지 못하면 이스라엘 사람들에게는 그만큼 고통스러운 일이었다.

밀가루

타작하기 전 알갱이

식용 식물

병아리콩 (새부리콩, Judean chick-pea)

당나귀들도 맛있게 먹었던 음식 중 하나

학명 Cicer judaicum Boiss. (콩과: Papilionaceae) 히브리명 하미쯔(chamits) 원산지 지중해 연안
개화기 3~4월
성경참조 사 30:24

23. 네가 땅에 뿌린 종자에 주께서 비를 주사 땅이 먹을 것을 내며 곡식이 풍성하고 기름지게 하실 것이며 그 날에 네 가축이 광활한 목장에서 먹을 것이요
24. 밭 가는 소와 어린 나귀도 키와 쇠스랑으로 까부르고 맛있게 한 먹이를 먹을 것이며
25. 크게 살륙하는 날 망대가 무너질 때에 고산마다 준령마다 그 뒤에 개울과 시냇물이 흐를 것이며
26. 여호와께서 자기 백성의 상처를 싸매시며 그들의 맞은 자리를 고치시는 날에는 달빛은 햇빛 같겠고 햇빛은 일곱 배가 되어 일곱 날의 빛과 같으리라

식물의 특징

병아리콩은 콩과(科)의 식물로서 높이가 35cm 정도 자라며 일년초이다. 줄기는 낮게 비스듬한 상태로 위로 자란다. 가지 전체가 끈끈하고 잔털로 덮여 있다. 잎은 1~4cm로 자라며, 5~8쌍의 소엽(小葉)으로 된 우상 복엽(羽狀複葉)이며 톱니가 있다. 꽃은 흰색, 보라색으로 1개씩 긴 꽃대 끝에 하나씩 달리는데 길이는 1cm 정도이다. 꽃자루는 꽃받침보다 길고 꽃이 아래로 굽어 핀다. 꼬투리는 털이 많으며, 길이가 1~1.5cm의 장타원형으로 속이 부풀고 속에는 1~3개의 씨앗이 들어 있다.

식물 관련 의미

사 30:24에서 "맛있게 한 먹이를"이란 표현이 히브리어 '하미쯔(chamits)'의 뜻과 동일하게 사용되어 있는데 이는 아람명 인후무스(chumus)와 어원이 같으므로 병아리콩으로 해석하고 있다. 이미 기원전 5000년경부터 청동기 초기 유적에서 발견된 것처럼, 지중해와 터키 근처와 팔레스타인에서 병아리콩을 재배해 왔다.

'하미쯔(chamits)'는 밭 가는 소와 어린 나귀도 맛있게 먹는다는 것으로 하나님께서 함께하시면 모든 것이 풍성하고 짐승들이 먹는 것도 맛있게 먹을 수 있다는 것이다.

수확한 병아리콩

병아리콩 줄기

보리 (Barley)

밀이 부족할 때 사용된 재료

학명 Hordeum vulgare var. hexastichon (벗과) **히브리명** 세오라(seorah) **원산지** 이집트, 남동아시아, 에티오피아 **개화기** 3~5월, 7~8월

성경참조 출 9:31, 레 27:16, 민 5:15, 신 8:8, 삿 7:13, 룻 1:22, 2:17, 2:23, 3:2, 요 6:9, 6:13

➤ **출애굽기 9장 30-32절**

30. 그러나 왕과 왕의 신하들이 여호와 하나님을 아직도 두려워하지 아니할 줄을 내가 아나이다
31. 그 때에 보리는 이삭이 나왔고 삼은 꽃이 피었으므로 삼과 보리가 상하였으나
32. 그러나 밀과 쌀보리는 자라지 아니한 고로 상하지 아니하였더라

➤ **요한복음 6장 8-11절**

8. 제자 중 하나 곧 시몬 베드로의 형제 안드레가 예수께 여짜오되
9. 여기 한 아이가 있어 보리떡 다섯 개와 물고기 두 마리를 가지고 있나이다 그러나 그것이 이 많은 사람에게 얼마나 되겠사옵나이까
10. 예수께서 이르시되 이 사람들로 앉게 하라 하시니 그 곳에 잔디가 많은지라 사람들이 앉으니 수가 오천 명쯤 되더라
11. 예수께서 떡을 가져 축사하신 후에 앉아 있는 자들에게 나눠 주시고 물고기도 그렇게 그들의 원대로 주시니라

식물의 특징

보리는 밀이나 쌀과 같은 볏과에 속한 두해살이풀로 줄기는 곧고 줄기 속은 비어 있으며 잎은 가늘고 길쭉하다. 고대 시대 때부터 중동에서 재배되어 지금은 유럽과 아시아 등 전 세계적으로 분포되어 있으며, 특히 고대 때 맥주의 원료로도 쓰였다. 줄기 맨 끝에 이삭의 알이 빼곡하게 V자 형태로 달려 있으며, 높이는 1m 이내로 자란다. 보리는 물이 많이 필요한 밀보다는 건조한 광야 지역에서도 잘 자란다. 밀을 수확하기 전인 3~4월에 거둬들이며 지대가 높은 곳에서는 7~8월까지도 수확한다.

식물 관련 의미

왕하 7:1과 계 6:6에서는 보리로 빵을 만들기도 했으며 밀보다는 값이 저렴했다. 그러나 삿 7:13에서는 이스라엘 기드온의 병사가 미디안의 장막을 무너뜨린 것을 "보리 한 덩어리가 굴러서 넘어뜨렸다."라고 말하고 있다. 이것에서 값없는 보리라 할지라도 귀하게 쓰임을 받을 때가 있다는 것을 알 수 있다.

노랗게 익은 보리

이삭

알곡

부추 (Chinese leek)

이스라엘 백성들이 애굽 시절을 그리워하며 먹고 싶어 했던 채소 중 하나

학명 Allium tuberosum Rottler (백합과)　**히브리명** 하치르(hatsr)　**원산지** 동아시아와 인도 북서부가 원산지이며 한국, 중국, 일본, 동남아시아　**개화기** 8~9월

성경참조 민 11:5, 왕하 19:26, 욥 8:12

4. 그들 중에 섞여 사는 다른 인종들이 탐욕을 품으매 이스라엘 자손도 다시 울며 이르되 누가 우리에게 고기를 주어 먹게 하랴
5. 우리가 애굽에 있을 때에는 값 없이 생선과 오이와 참외와 부추와 파와 마늘들을 먹은 것이 생각나거늘
6. 이제는 우리의 기력이 다하여 이 만나 외에는 보이는 것이 아무 것도 없도다 하니
7. 만나는 깟씨와 같고 모양은 진주와 같은 것이라
8. 백성이 두루 다니며 그것을 거두어 맷돌에 갈기도 하며 절구에 찧기도 하고 가마에 삶기도 하여 과자를 만들었으니 그 맛이 기름 섞은 과자 맛 같았더라

식물의 특징

백합과의 여러해살이풀로 봄에 작은 비늘 줄기에서 가늘고 긴 잎이 모여서 난다. 잎은 약재로도 쓰이며 식용으로도 사용하고 향이 있다.

식물 관련 의미

애굽에서는 부추를 재배하고 식용으로도 즐겨 먹었다. 이스라엘 백성들은 애굽에서 나와 광야 생활 중에 애굽에 있을 때 즐겨 먹었던 부추를 그리워하고 있다.

히브리어인 '하치르(hatsr)'는 부추로, 또 다른 곳에서는 풀로 번역되어 있다. 왕하 19:26에서는 "그러므로 거기에 거주하는 백성의 힘이 약하여 두려워하며 놀랐나니 그들은 들의 채소와 푸른 풀과 지붕의 잡초와 자라기 전에 시든 곡초 같이 되었느니라."라고 했는데 여기서는 부추를 '푸른 풀'로 번역하고 있다.

식용 식물

꽃

부추

줄기

수박 (들수박, Watermelon)

이스라엘 백성들이 애굽에서 먹었던 과일 중 하나

학명 Citrullus vulgaris Schard. (박과)　히브리명 아바티아흐(avattiach)　원산지 아프리카
개화기 5~6월
성경참조 민 11:5

관련 성경 구절   민수기 11장 4-7절

4. 이스라엘 중에 섞여 사는 무리가 탐욕을 품으매 이스라엘 자손도 다시 울며 가로되 누가 우리에게 고기를 주어 먹게할꼬
5. 우리가 애굽에 있을 때에는 값 없이 생선과 외와 수박과 부추와 파와 마늘들을 먹은 것이 생각나거늘
6. 이제는 우리 정력이 쇠약하되 이 만나 외에는 보이는 것이 아무 것도 없도다 하니
7. 만나는 깟씨와 같고 모양은 진주와 같은 것이라

식물의 특징

수박은 박과의 덩굴성 식물이다. 잎과 줄기가 잔털로 덮여 있으며 손으로 만지면 감촉이 폭신하다. 줄기는 땅을 기면서 자라고 땅속 깊숙이 파고드는 뿌리는 두껍고 수분을 흡수하고 있어 메마른 땅에서도 자생한다. 덩굴의 습성 때문에 주변에 울타리를 고정시키면 그것들을 타고 오르며 자란다. 열매는 땅에서 자란다. 꽃은 노란색의 암꽃과 수꽃이며, 열매인 수박은 품종에 따라 다양한 형태와 색깔이 있다. 보편적인 열매는 겉 표면이 녹색 바탕으로 까만 줄이 있고 타원형의 모양에 속이 노란색도 있다.

식물 관련 의미

민 11:5에서는 출애굽 한 이스라엘 백성들이 오랜 광야 생활에 굶주리고 지치자 과거에 애굽에서 종살이할 때 먹었던 수박을 그리워한다. 수박(아바티아흐, avattiach)은 구약 시대인 애굽에서 먹었던 과일로 이보다 훨씬 전인 기원전 신석기 시대 때부터 이미 재배되어 왔던 것으로 전해진다. 그러나 히브리어 '아바티아흐'가 개혁개정 성경에는 '참외'로 번역되어 있다.

식용 식물

수박 속

들수박

수수 (기장, 조, Sorghum)

떡을 만들어 먹었던 재료

학명 Sorghum bicoldr Moench (볏과) 히브리명 도한(dohan) 원산지 에티오피아, 유럽, 지중해 연안, 아프리카 개화기 4월

성경참조 겔 4:9

7. 너는 또 에워싼 예루살렘을 향하여 팔을 벗어 메고 예언하라
8. 내가 줄로 너를 동이리니 네가 에워싸는 날이 맞도록 몸을 이리저리 돌리지 못하리라
9. 너는 밀과 보리와 콩과 팥과 조와 귀리를 가져다가 한 그릇에 담고 떡을 만들어 네 모로 눕는 날수 곧 삼백구십일에 먹되
10. 너는 식물을 달아서 하루 이십 세겔 중씩 때를 따라 먹고
11. 물도 힌 육분 일씩 되어서 때를 따라 마시라
12. 너는 그것을 보리떡처럼 만들어 먹되 그들의 목전에서 인분 불을 피워 구울지니라
13. 여호와께서 또 가라사대 내가 열국으로 쫓아 흩을 이스라엘 자손이 거기서 이와 같이 부정한 떡을 먹으리라 하시기로
14. 내가 가로되 오호라 주 여호와여 나는 영혼을 더럽힌 일이 없었나이다 어려서부터 지금까지 스스로 죽은 것이나 짐승에게 찢긴 것을 먹지 아니하였고 가증한 고기를 입에 넣지 아니하였나이다

식물의 특징

기장은 에티오피아에서 자란 야생 애굽 기장으로 아프리카와 인도를 거쳐 아시아로 들어온 것이 아닌가 추측된다. 기원전 200년경부터 재배한 흔적이 있으나 정작 이스라엘에는 이러한 흔적이 없다.

기장은 이삭 모양이 볏과로 조나 수수와 같은 모양으로 잎의 끝 줄기에 낟알들이 줄줄이 달려 있다.

식물 관련 의미

유대 지방에서는 다양한 품종의 볏과 식물들이 4백여 종이나 재배되고 있다. 기장은 성경에 한 번만 언급되어 있는 것으로 볼 때 아마도 고대 시대 이후부터 보편화된 것이 아닌가 라고 보고 있다.

겔 4:9에서 조는 우리나라와 일본에서 조로 번역되어 있으나 영어 번역으로는 기장(Panicum miliaceum)으로 '흐려 보인다'라는 뜻이다. 하나님이 에스겔에게 언급하셨던 곡식 중 하나이다. 이 당시 밀, 콩, 팥은 귀한 곡식으로 여겼으며 보리, 조, 귀리는 천한 음식으로 여겼다.

알곡

알맹이

쓴 나물 (들꽃상치, Dwarf chichory)

유대인의 유월절 음식 중 하나

학명 Cichorium pumilumJacq. (국화과) 히브리명 마로르(maror) 원산지 지중해 연안 개화기 7~8월
성경참조 출 12:8, 민 9:11

관련 성경 구절

➤ **출애굽기 12장 8절**

  8. 그 밤에 그 고기를 불에 구워 무교병과 쓴 나물과 아울러 먹되

➤ **민수기 9장 11절**

  11. 이월 십사일 해 질 때에 그것을 지켜서 어린 양에 무교병과 쓴 나물을 아울러 먹을 것이요

식물의 특징

들꽃상치는 길가의 빈터에서 자라며 키가 30~100cm 정도 자란다. 잎은 가늘며 회녹색으로 연한 잎은 생으로 먹을 수 있다. 뿌리는 차로도 끓여 먹는데 커피처럼 쓰다.

가지가 서로 갈라져 자라며 보라색의 꽃이 피기도 하고 열매는 포엽에 싸여 있다가 비를 맞으면 사방으로 씨앗이 흩어진다.

식물 관련 의미

들꽃상치는 히브리어로 '마로르(maror)'라고 하는데 '쓰다'라는 뜻이다. 사막 지대에서 유월절이 되면 유대인들은 누룩 없는 빵과 쓴 나물을 유월절 만찬에 사용한다. 쓴 나물은 이스라엘 백성이 애굽에서 종살이하던 시절을 상징하며, 쓴 나물을 먹음으로써 종살이하던 시절을 잊지 않기 위한 의식 행사이다. 쓴 나물을 소금에 찍어 먹기도 하는데 이는 그들이 애굽을 탈출할 때 홍해 바다를 건너왔음을 상징하기도 한다.

출 12:8과 민 9:11에서 하나님은 애굽을 탈출하는 이스라엘 자손들에게 유월절을 지킬 것을 명령하셨다. 정한 기일 중 나물은 쓴 나물이 포함되어 있다.

상치

상추잎

쓴 나물 (서양 민들레, Dandelion)

유대인의 유월절 음식 중 하나

학명 Taraxacum officinale 히브리명 쉬난—아베—쇼레쉬(shnan ave shresh) 원산지 지중해 연안, 유럽
개화기 4~9월
성경참조 출 12:8, 민 9:11

➤ **출애굽기 12장 8절**

8. 그 밤에 그 고기를 불에 구워 무교병과 쓴 나물과 아울러 먹되

➤ **민수기 9장 11절**

11. 이월 십사일 해 질 때에 그것을 지켜서 어린 양에 무교병과 쓴 나물을 아울러 먹을 것이요

식물의 특징

국화과 다년생 초본 식물로 길가에서 자란다. 높이가 10~30cm 정도 자라며 뿌리가 깊이 박혀 있고 잎은 뿌리에서부터 뭉쳐 위로 사방으로 퍼지듯 나며 깃털 모양이다. 꽃은 노란색으로 지름이 2~5cm이며 꽃대가 올라와 끝에 두상화로 핀다. 꽃에는 꿀이 많이 들어 있으며 꽃이 지면서 가벼운 깃털들이 사방으로 바람을 타고 날아가 씨를 뿌리게 된다. 씨앗은 2~4mm 정도로 갈색이고, 양끝은 뾰족한 원기둥 모양이다. 잎은 샐러드나 생즙으로 먹으며, 유럽에서는 뿌리를 말려 끓여서 커피 대신 차로 마시기도 하고 튀겨서 먹기도 한다.

식물 관련 의미

이스라엘 백성들은 유월절이 되면 쓴 나물을 먹는다. 성경에서 쓴 나물은 어느 것이라고 정확하게 특정 식물을 지정하지 않았다. 지금도 유대인들은 유월절이 되면 그 맛이 쓰면 어느 종류든 쓴 나물로 사용을 하고 있다.

민들레는 지역 어디서든지 쉽게 구할 수 있고 그 맛이 쓰기 때문에 유월절 쓴 나물 대신으로 사용하기도 한다.

민들레 나물

쓴 뿌리

민들레 홀씨

쓴 나물 (셀러리, Wild celery, Marsh parsley)

유대인의 유월절 음식 중 하나

학명 Apium graveolens L. (산형과) 히브리명 카르파스(qarpas), 셀러리(seler) 원산지 지중해, 유럽, 아시아 개화기 5~9월

성경참조 출 12:8, 민 9:11

➤ **출애굽기 12장 8절**

  8. 그 밤에 그 고기를 불에 구워 무교병과 쓴 나물과 아울러 먹되

➤ **민수기 9장 11절**

  11. 이월 십사일 해 질 때에 그것을 지켜서 어린 양에 무교병과 쓴 나물을 아울러 먹을 것이요

식물의 특징

산형과의 일년생초 식물로 높이는 50~100cm 정도 자란다. 줄기는 녹색으로 털이 없이 매끄러우며 속은 다육질이다. 잎자루는 긴 타원형으로 여러 갈래로 갈라진다. 꽃은 흰색으로 산형 화서(繖形花序)로 달리며 열매는 편평하고 둥글다.

식물 관련 의미

유대인의 유월절 음식인 쓴 나물 중의 하나로 독특한 향으로 인해 방취제나 약용으로 사용하였다. 유대인들은 셀러리의 효능을 탈무드에도 기록하고 있다. 셀러리에는 무기질과 비타민A, B1, B2가 많이 들어 있고, 고혈압, 이뇨 작용, 소화에 도움을 주며, 구토가 날 때 먹으면 메스꺼움을 방지해 준다. 이 밖에도 철분이 함유되어 있어 피로 회복을 돕고, 신진대사를 높여 주는 역할도 한다.

서양에서는 셀러리를 음식의 재료로 즐겨 사용하는데, 과자의 향을 내는 데 사용하거나 줄기 그대로 마요네즈에 찍어 먹기도 한다.

꽃

줄기

알뿌리

쓴 나물 (치커리, Chicory)

유월절 쓴 나물 중 하나

학명 Cichorium intybus L. (국화과) 히브리명 올레쉬(allsh) 원산지 지중해 연안, 유럽, 터키, 인도
개화기 4~6월
성경참조 출 12:8, 민 9:11

관련 성경 구절

➤ **출애굽기 12장 8절**

　　8.　그 밤에 그 고기를 불에 구워 무교병과 쓴 나물과 아울러 먹되

➤ **민수기 9장 11절**

　　11.　이월 십사일 해 질 때에 그것을 지켜서 어린 양에 무교병과 쓴 나물을 아울러 먹을 것이요

식물의 특징

국화과 다년초로 50~150cm 정도 자란다. 뿌리는 깊게 들어가 있으며 잎은 뿌리에서 뭉쳐서 위로 사방으로 퍼져서 난다. 잎은 좁고 길쭉하며 표면이 거칠다. 꽃은 두상화로 지름이 3~4cm이며 연보라색, 청보라색으로 핀다. 잎은 쓴맛이 나고 식용으로 쓰이며, 뿌리는 말려서 차로 마신다.

식물 관련 의미

치커리는 유대인의 유월절 음식인 쓴 나물로 이용되기도 한다. 치커리의 잎이 쓴맛이 나기 때문에 샐러드나 나물로 이용하기도 한다. 또한 고대 로마인들에게도 특별한 식품으로 애용되었다. 야생종인 치커리를 재배하여 샐러드로 먹기도 하였다. 독일이나 유럽에서는 익혀 먹거나 샐러드의 재료로 사용하였으며 뿌리는 말려서 차로 마시기도 한다.

식용 식물

치커리

다양한 요리에 사용함.

차

아욱 (닭의 알, 접시꽃, Common mallow, Blue mallow)

학명 Malva sylvestris L. (아욱과) 히브리명 할라무트(challamuht) 원산지 지중해 연안, 유럽
개화기 4~6월
성경참조 욥 6:6−7

6. 싱거운 것이 소금 없이 먹히겠느냐 닭의 알 흰자위가 맛이 있겠느냐
7. 이런 것을 만지기도 내 마음이 싫어하나니 못된 식물 같이 여김이니라
8. 하나님이 나의 구하는 것을 얻게 하시며 나의 사모하는 것 주시기를 내가 원하나니
9. 이는 곧 나를 멸하시기를 기뻐하사 그 손을 들어 나를 끊으실 것이라
10. 그러할지라도 내가 오히려 위로를 받고 무정한 고통 가운데서도 기뻐할 것은 내가 거룩하신 이의 말씀을 거역지 아니하였음이니라

식물의 특징

아욱과에 속하는 2년생 초본 식물로 높이는 50~100cm 정도 자라며 가지가 갈라진다. 잎은 다양한 모양으로 3~7cm 정도로 매끈한 것과 가장자리에 잔털이 톱니처럼 나 있는 것 등이 있다. 꽃잎의 길이가 은 꽃받침의 길이보다 4배 정도 길고, 연분홍색의 꽃이 4~6월경에 핀다. 열매는 지름이 1.5cm 정도이며 꽃대 주변에서 달린다. 접시꽃은 줄기가 곧게 자라며 높이가 2m 이상 자란다. 잎은 어긋나기하며 폭이 좁고 길다. 꽃은 4~6월경 짧은 꽃대가 나오면서 핀다. 얇은 꽃잎이 5장 겹치며 피고 열매는 둥글납작하다.

식물 관련 의미

욥 6:6에서 아욱인 '할라무트(challamuht)'는 사람들이 먹기에는 음식의 맛이 전혀 없으며 흰 점액만 나오는 식물이다. 맛에 전혀 도움이 안 되는 것에 대한 히브리어 '사료'의 뜻을 의미하며 공동 번역에는 멀건 흰죽으로 표현한다. 욥의 고향인 우스는 중동 지역 어느 곳으로 추정되며 이 지역에서는 아욱이 흔하게 자라 주로 미천한 사람들이 먹거나 짐승들의 여물을 끓일 때 사용한 것으로 전해진다.

꽃

접시꽃

식용 식물

양파 (파, Onion)

이스라엘 백성들이 광야 생활 중에 그리워했던 식물 중 하나

학명 Allium cepa L. (백합과) 히브리명 바짤(batsal) 원산지 지중해 연안 개화기 6~7월
성경참조 민 11:5

4.　이스라엘 중에 섞여 사는 무리가 탐욕을 품으매 이스라엘 자손도 다시 울며 가로되 누가 우리에게 고기를 주어 먹게 할꼬

5.　우리가 애굽에 있을 때에는 값 없이 생선과 외와 수박과 부추와 파와 마늘들을 먹은 것이 생각나거늘

6.　이제는 우리 정력이 쇠약하되 이 만나 외에는 보이는 것이 아무 것도 없도다 하니

7.　만나는 깟씨와 같고 모양은 진주와 같은 것이라

8.　백성이 두루 다니며 그것을 거두어 맷돌에 갈기도 하며 절구에 찧기도 하고 가마에 삶기도 하여 과자를 만들었으니 그 맛이 기름 섞은 과자 맛 같았더라

식물의 특징

백합과에 속하는 다년생 초본 식물로, 높이는 50cm 내외로 자라며 속이 텅 빈 줄기를 가지고 있다. 잎이 넓고 5~6장 정도 2장씩 겹쳐 서로 감싸듯 길게 자라며 뿌리는 수염처럼 달렸다. 꽃은 산형으로 희고 작은 꽃이 6~7월 사이에 핀다.

뿌리는 생으로 먹으며 음식의 재료로도 사용된다. 식단에 없어서는 안 되는 귀한 식재료이기도 하다.

식물 관련 의미

히브리어 바짤(batsal)은 양파(onion)를 가리킨다. 주전 3200년 전부터 마늘과 함께 이집트 지역에서 즐겨 먹었던 식재료로 알려졌다.

민 11:5에서는 이스라엘 민족들이 40년 광야 생활 중 굶주림에 지치자 애굽에서 먹었던 마늘과 양파와 채소들을 그리워하였다.

양파

꽃

파

식용식물

잠두 (콩, Broad bean)

다윗이 압살롬에게 쫓길 때 먹었던 음식 중 하나

학명 Vicia faba L. (콩과: Papilionaceae) 히브리명 폴(pol) 원산지 지중해 연안, 아프리카 개화기 3~4월
성경참조 삼하 17:28, 겔 4:9

관련 성경 구절

➤ **사무엘하 17장 27−29절**

27. 다윗이 마하나임에 이르렀을 때에 암몬 족속에게 속한 랍바 사람 나하스의 아들 소비와 로데발 사람 암미엘의 아들 마길과 로글림 길르앗 사람 바르실래가
28. 침상과 대야와 질그릇과 밀과 보리와 밀가루와 볶은 곡식과 콩과 팥과 볶은 녹두와
29. 꿀과 뻐더와 양과 치스를 가져다가 다윗과 그 함께한 백성으로 먹게 하였으니 이는 저희 생각에 백성이 들에서 시장하고 곤하고 목마르겠다 함이더라

➤ **에스겔 4장 9−11절**

9. 너는 밀과 보리와 콩과 팥과 조와 귀리를 가져다가 한 그릇에 담고 떡을 만들어 네 모로 눕는 날수 곧 삼백구십 일에 먹되
10. 너는 식물을 달아서 하루 이십 세겔 중씩 때를 따라 먹고
11. 물도 힌 육분 일씩 되어서 때를 따라 마시라

식물의 특징

잠두는 콩과에 속한 일년생 초본으로 능선이 있고 줄기는 속이 비어 있다. 이스라엘에서는 이른 비가 시작되는 11월에 파종한다. 높이는 1m 정도로 자라며 잎은 회녹색이다. 줄기는 단단하며 잎과 꽃이 무성하게 핀다. 꽃은 잎겨드랑이에 달리며 흰색으로 향기가 있고 자줏빛이 나는 큰 무늬가 있다. 꼬투리에는 크고 납작한 크기의 씨앗이 3~6개 들어 있다.

식물 관련 의미

삼하 17:27−28에서 다윗이 아들 압살롬을 피해 도망하여 마하나임에 이르렀을 때에 길르앗 사람이 음식을 가져와 먹게 했던 것 중에 콩도 포함되어 있다.

겔 4:9에서 에스겔이 밀, 보리와 여러 곡물과 함께 콩도 포함하여 떡을 만들 것을 지시하는데 이는 예루살렘에 불어닥칠 심판에 대한 준비를 말해 주는 것이다. 주식인 빵을 앞으로 먹을 수 없거나 부족할 것을 대비해 여러 곡물을 언급한 것임을 알 수 있다.

낱알

콩 줄기

지마채 (나물, Garden rocket)

길갈 사람이 착각한 들외와 비슷한 나물

학명 Eruca sativa L. (십자화과) 히브리명 오라(orah), 오로트(orth) 원산지 지중해 연안, 유럽, 몽고
개화기 3~4월
성경참조 왕하 4:39-40

관련 성경 구절   열왕기하 4장 38-40절

38. 엘리사가 다시 길갈에 이르니 그 땅에 흉년이 들었는데 선지자의 생도가 엘리사의 앞에 앉은지라 엘리사가 자기 사환에게 이르되 큰 솥을 걸고 선지자의 생도들을 위하여 국을 끓이라 하매

39. 한 사람이 채소를 캐러 들에 나가서 야등덩굴을 만나 그것에서 들외를 따서 옷자락에 채워가지고 돌아와서 썰어 국 끓이는 솥에 넣되 저희는 무엇인지 알지 못하는지라

40. 이에 퍼다가 무리에게 주어 먹게 하였더니 무리가 국을 먹다가 외쳐 가로되 하나님의 사람이여 솥에 사망의 독이 있나이다 하고 능히 먹지 못하는지라

식물의 특징

지마채는 십자화과 일년초 식물로 높이는 20~90cm 정도 자란다. 줄기는 속이 비어 있으며 가지를 뻗으며 올라간다. 잎은 초록색으로 밑부분부터 깊게 갈라지며, 꽃은 흰색으로 꽃잎은 연한 갈색의 맥이 있다.

몽고와 유럽으로 분포되어 있으며 종자에서 기름을 짜내서 쓰거나 후추 대용으로도 사용하였다.

식물 관련 의미

왕하 4:39에서는 선지자 엘리사가 여러 지역에서 병든 자를 고쳐 주고 다니다가 흉년이 들어 먹을 것이 귀한 길갈 지역에 도착했다. 엘리사 종의 부탁을 받은 길갈 사람이 흉년이 든 들에 나가 손가락 모양의 지마채 대신 모양이 비슷한 들호박을 캐어 죽을 끓여 병사들에게 주었더니 병사들이 먹고 구토를 하였다. 지마채와 들호박잎이 서로 비슷하여 쉽게 구분하기가 어렵다. 산지에서 나는 들호박은 매우 쓰며 구토증이 나는 독 열매이다.

잎

잎 사이로 올라오는 꽃대

식용 식물

팥 (불콩, 편두, 녹두나무, 렌즈콩, Lentil)

야곱이 형 에서의 장자권과 바꿨던 음식의 재료

학명 Lens culinaris Medic. (콩과: Papilionaceae) 히브리명 아다샤(adashah) 원산지 지중해 연안, 근동 지방 개화기 4월

성경참조 창 25:34, 삼하 17:28, 23:11, 겔 4:9

관련 성경 구절

➤ **창세기 25장 33−34절**

33. 야곱이 가로되 오늘 내게 맹세하라 에서가 맹세하고 장자의 명분을 야곱에게 판지라

34. 야곱이 떡과 팥죽을 에서에게 주매 에서가 먹으며 마시고 일어나서 갔으니 에서가 장자의 명분을 경홀히 여김이 었더라

➤ **사무엘하 17장 27−29절**

27. 다윗이 마하나임에 이르렀을 때에 암몬 족속에게 속한 랍바 사람 나하스의 아들 소비와 로데발 사람 암미엘의 아들 마길과 로글림 길르앗 사람 바르실래가

28. 침상과 대야와 질그릇과 밀과 보리와 밀가루와 볶은 곡식과 콩과 팥과 볶은 녹두와

29. 꿀과 뻐더와 양과 치스를 가져다가 다윗과 그 함께한 백성으로 먹게 하였으니 이는 저희 생각에 백성이 들에서 시장 하고 곤하고 목마르겠다 함이더라

식물의 특징

불콩은 콩과에 속하며 근동 지방에서 재배하기 시작하였다. 높이는 30cm 정도 자라며 잔털로 덮여 있는 일년생 식물이다. 줄기는 가늘고 곧게 자라며 많은 가지를 친다. 잎은 깃처럼 갈라지며 작은 잎들이 마주 난다. 꽃은 긴 화경(花梗)으로 나비 모양의 흰색, 분홍색, 연보라색이다. 씨방에는 1~4개의 밑씨[胚珠]가 있고, 꽃받침은 짧은 종 모양이다. 꼬투리에 1개의 씨앗이 들어 있으며 씨앗이 볼록한 렌즈형 모양을 하고 있다.

팥죽

식물 관련 의미

창 25:34에서는 에서가 배고픔을 참지 못하고 장자의 명분을 가벼이 여겨 팥죽 한 그릇에 팔았다. 팥은 귀한 곡식으로 삼하 17:28에서는 다윗이 마하나임에 이르렀을 때 길르앗 사람 바르실래로부터 곡물인 콩과 팥과 녹두를 선물로 받았다.

팥은 히브리어 '아다샤(adashah)'로 렌즈콩으로도 해석되며 주전 5000~6000년 전에도 이미 재배되었다는 것이 역사 발굴을 통해서 발견되었다.

여러 가지 팥

성경
식물사전

향료와
약용

검은 쿠민 (소회향, Black cumin)

이사야가 이스라엘 지도자들을 가르칠 때 비유한 식물 중 하나

학명 Nigella sativa L. (미나리아재빗과) **히브리명** 케짜흐(qetsach) **원산지** 지중해 연안, 남유럽, 시리아,
이집트, 북아프리카 **개화기** 6~7월
성경참조 사 28:25 - 27

23. 너희는 귀를 기울여 내 목소리를 들으라 자세히 내 말을 들으라
24. 파종하려고 가는 자가 어찌 끊이지 않고 갈기만 하겠느냐 그 땅을 개간하며 고르게만 하겠느냐
25. 지면을 이미 평평히 하였으면 소회향을 뿌리며 대회향을 뿌리며 소맥을 줄줄이 심으며 대맥을 정한 곳에 심으며 귀리를 그 가에 심지 않겠느냐
26. 이는 그의 하나님이 그에게 적당한 방법으로 보이사 가르치셨음이며
27. 소회향은 도리깨로 떨지 아니하며 대회향에는 수레 바퀴를 굴리지 아니하고 소회향은 작대기로 떨고 대회향은 막대기로 떨며
28. 곡식은 부수는가, 아니라 늘 떨기만 하지 아니하고 그것에 수레 바퀴를 굴리고 그것을 말굽으로 밟게 할지라도 부수지는 아니하나니
29. 이도 만군의 여호와께로서 난 것이라 그의 모략은 기묘하며 지혜는 광대하니라

식물의 특징

미나리아재빗과의 두해살이풀로 우리가 흔히 알고 있는 니겔라 꽃이다. 높이는 30~50cm 정도 자라며 딜이나 당근과 같이 잎이 여러 갈래로 갈라지며 자란다. 가지 끝에 진한 녹청색 꽃이 6~7월에 피며 안쪽은 검은색이며 강한 향이 난다. 가을에 가느다란 달걀 모양의 열매는 말리면 향이 나는데 이것을 회향이라 부르며 음식의 양념이나 약재로도 쓴다.

식물 관련 의미

'케짜흐(qetsach)'는 '검은 쿠민(black cumin)'으로 현재는 라틴어인 '니겔라(black cumin)'로 불린다. 한글 성경에는 소회향으로 번역되어 있다. 사 28:25−27에서 이사야가 이스라엘 지도자들에게 하나님의 가르침을 말할 때 하나의 비유로 언급했다. 농부가 다음 해의 농사일을 위해 올해의 농사를 소홀히 하지 않으며 농부의 일은 정해져 있는 것이 아니라 농작물의 수확에 따라 상황이 달라진다. 하나님의 방법은 그 자리에 고정되어 있는 것이 아닌 상황에 따라 다양하게 변할 수 있음을 암시해 준다.

씨앗

꽃

검은 쿠민

겨자 (Black mustard)

작은 믿음으로 큰 믿음의 열매를 맺는 데 비유로 사용된 식물

학명 Brassica nigra Koch (십자화과) 헬라명 시나퍼(sinapi) 원산지 지중해 연안, 유럽 개화기 4~6월
성경참조 마 13:31, 17:20, 막 4:31, 눅 13:19, 17:6

관련 성경 구절

➤ **마태복음 13장 31-33절**

31. 또 비유를 베풀어 가라사대 천국은 마치 사람이 자기 밭에 갖다 심은 겨자씨 한 알 같으니
32. 이는 모든 씨보다 작은 것이로되 자란 후에는 나물보다 커서 나무가 되매 공중의 새들이 와서 그 가지에 깃들이느니라
33. 또 비유로 말씀하시되 천국은 마치 여자가 가루 서 말 속에 갖다 넣어 전부 부풀게 한 누룩과 같으니라

➤ **누가복음 13장 18-19절**

18. 그러므로 가라사대 하나님의 나라가 무엇과 같을꼬 내가 무엇으로 비할꼬
19. 마치 사람이 자기 채전에 갖다 심은 겨자씨 한 알 같으니 자라 나무가 되어 공중의 새들이 그 가지에 깃들였느니라

식물의 특징

겨자는 팔레스타인 지방에서 자생하거나 그곳에서 재배한다. 일년생 식물로 큰 것은 줄기가 5m까지 높게 자란다. 4~6월경 황색 빛깔의 십자화가 피고 꽃이 지고 나면 검은색 작은 씨앗을 맺는다. 겨자씨를 기름으로 짜서 사용하기도 하고 요리하는 양념으로도 사용한다.

식물 관련 의미

겨자씨는 예수께서 믿음에 대한 설명을 하기 위해 비유로 언급한 식물이다. 겨자씨는 지름이 약 2mm 정도이며 다른 식물의 씨앗들보다 작은 씨앗이긴 하지만 겨자씨보다 더 작은 씨앗도 있다. 예수께서는 작고 보잘것없는 것도 강한 것을 만들어 낼 수 있음을 강조하기 위해 작은 씨앗인 겨자씨를 비유로 언급하셨다.

예수 시대에도 겨자가 재배되었으며 주로 식용으로 사용되었다.

씨앗

꽃

잎

향료와 약용

계피 (Cinnamon 육계, Cassia, Chinese cinnamon)

거룩한 곳을 구별하기 위해 관유로 사용되었던 재료

학명 Cinnamomum cassia Blume (녹나뭇과) 히브리명 키나몬(qinnamun), 키나모몬(kinnamomon)
원산지 중국 남부, 인도, 말레이시아 개화기 5~6월
성경참조 출 30:24, 욥 42:14, 시 45:8, 잠 7:17, 겔 27:19, 계 18:13

관련 성경 구절

➤ 출애굽기 30장 23−25절

23. 너는 상등 향품을 취하되 액체 몰약 오백 세겔과 그 반수의 향기로운 육계 이백오십 세겔과 향기로운 창포 이백오십 세겔과

24. 계피 오백 세겔을 성소의 세겔대로 하고 감람 기름 한 힌을 취하여

25. 그것으로 거룩한 관유를 만들되 향을 제조하는 법대로 향기름을 만들지니 그것이 거룩한 관유가 될지라

➤ 에스겔 27장 17−19절

17. 유다와 이스라엘 땅 사람이 네 장사가 되었음이여 민닛 밀과 과자와 꿀과 기름과 유향을 가지고 네 물품을 무역하였도다

18. 너의 제조품이 많고 각종 보화가 풍부하므로 다메섹이 너와 통상하였음이여 헬본 포도주와 흰 양털을 가지고 너와 무역하였도다

19. 워단과 야완은 길쌈하는 실로 네 물품을 무역하였음이여 백철과 육계와 창포가 네 상품 중에 있었도다

식물의 특징

계피나무는 10m 크기로 자라는 상록 교목(常綠喬木)이며 잎은 길쭉하고 서로 마주 보며 달려 있다. 잎은 가죽 같이 질기며 10~15cm 정도이고 줄기는 여러 갈래로 갈라져 자란다.

동남아 지역의 열대에서 자라며, 특히 중국 동남부에서 많이 재배한다. 계피나무의 껍질과 열매, 잎 등은 향료를 만드는 데 사용되었다.

계피나무 향유는 고귀한 향수로, 잎이나 열매는 조미료와 의약품으로도 사용하였다.

식물 관련 의미

계피는 출 30:23에서 제사장에게 관유의 재료로 사용하게 했던 것 중 하나이며 향기로운 향료로 사용되었다.

겔 27:19의 "워단과 야완은 길쌈하는 실로 네 물품을 무역하였음이여 백철과 육계와 창포가 네 상품 중에 있었도다."에서 계피나무 껍질이 다양한 재료로 사용되었음을 알 수 있다.

가루

꽃

나무껍질

향료와 약용

고벨화 (헤나, Henna)

학명 Lawsonia inermis L. (부처꽃과) 히브리명 코페르(kofer) 원산지 팔레스타인, 동북아프리카, 아라비아, 페르시아, 시리아, 레바논, 인도 북부 개화기 6~7월
성경참조 아 1:14, 4:13

➤ **아가 1장 13−15절**

　13.　나의 사랑하는 자는 내 품 가운데 몰약 향낭이요

　14.　나의 사랑하는 자는 내게 엔게디 포도원의 고벨화 송이로구나

　15.　내 사랑아 너는 어여쁘고 어여쁘다 네 눈이 비둘기 같구나

➤ **아가 4장 12−15절**

　12.　나의 누이, 나의 신부는 잠근 동산이요 덮은 우물이요 봉한 샘이로구나

　13.　네게서 나는 것은 석류나무와 각종 아름다운 과수와 고벨화와 나도초와

　14.　나도와 번홍화와 창포와 계수와 각종 유향목과 몰약과 침향과 모든 귀한 향품이요

　15.　너는 동산의 샘이요 생수의 우물이요 레바논에서부터 흐르는 시내로구나

식물의 특징

　부처꽃과의 소관목으로 높이 2~3m로 자란다. 잎은 약간 미끈거리고 연한 녹색을 띠며 모양은 타원형이다. 4개의 꽃잎을 가지고 있으며 흰색, 황색의 작은 꽃으로 향기가 강하고 완두콩 크기의 열매를 맺는다. 중동 지방에서 주로 자라며 구약 시대에 헤나는 사해 근처 오아시스에서 야생으로 서식했다. 남아프리카, 북오스트레일리아 등과 같은 뜨겁고 건조한 지역에서 서식한다.

　2~3m의 높이까지 자라는 관목이며 검은색의 가늘고 길게 늘어진 녹색 잎과 건조한 잎에서 추출한 색소를 사용한다. 꽃이 아름다우며 향기가 강하다. 이집트, 아라비아, 시리아, 팔레스타인 등지에서 자생하며 널리 생산되고 있다. 현재 우리가 알고 있는 머리 염색 재료인 헤나 염색으로 알려져 있다.

식물 관련 의미

　고벨화는 고대 근동 시대엔 뜨겁고 건조한 오아시스 근처에서 야생으로 자랐다. 현재도 건조한 지역에서 자라는 고벨화(헤나)는 말린 잎에 물을 부어 풀처럼 끈끈하게 만들어 화장용품으로도 쓴다. 이집트, 인도 등지에서는 부인들이 이것을 손톱 또는 수족의 일부를 붉은 오렌지색으로 물들이는 데 사용하였다. 이런 습관은 태고부터 행해 왔던 행위로 고대 이집트에서 발견된 미라의 손톱이 붉게 물들어 있는 것으로 보아 관측할 수 있다. 또한 사원의 꽃으로도 사용되었다. 중동 지역에서는 현재에도 생육하고 있는 걸 볼 수 있다.

꽃

열매

향료와 약용

나도향풀 (감송, 나르도, Spikenard, Nard)

마리아가 예수께 사용한 귀한 향유

학명 Nardostachys Jatamansi(Wall) DC (마타릿과) 히브리명 네르드(nerd) 원산지 히말라야, 부탄, 네팔, 티베트, 인도 동부 개화기 6~7월

성경참조 아 1:12, 4:13−14, 막 14:3−9, 요 12:3−8, 눅 7:37−50

➟ **아가서 4장 13-14절**

13. 네게서 나는 것은 석류나무와 각종 아름다운 과수와 고벨화와 나도초와

14. 나도와 번홍화와 창포와 계수와 각종 유향목과 몰약과 침향과 모든 귀한 향품이요

➟ **마가복음 14장 3-8절**

3. 예수께서 베다니 문둥이 시몬의 집에서 식사하실 때에 한 여자가 매우 값진 향유 곧 순전한 나드 한 옥합을 가지고 와서 그 옥합을 깨뜨리고 예수의 머리에 부으니

4. 어떤 사람들이 분내어 서로 말하되 무슨 의사로 이 향유를 허비하였는가

5. 이 향유를 삼백 데나리온 이상에 팔아 가난한 자들에게 줄 수 있었겠도다 하며 그 여자를 책망하는지라

6. 예수께서 가라사대 가만 두어라 너희가 어찌하여 저를 괴롭게 하느냐 저가 내게 좋은 일을 하였느니라

7. 가난한 자들은 항상 너희와 함께 있으니 아무 때라도 원하는 대로 도울 수 있거니와 나는 너희와 항상 함께 있지 아니하리라

8. 저가 힘을 다하여 내 몸에 향유를 부어 내 장사를 미리 준비하였느니라

식물의 특징

마타릿과에 속하는 관목이며 높이는 15~30cm 정도 자란다. 잎은 서로 마주 보며 장타원형(長楕圓形)으로 좁고 길쭉하고 반들반들하고 매끈하다. 꽃은 분홍색으로 6~7월에 우산 모양을 하고 피고, 9~10월에 열매를 맺는다. 뿌리줄기(덩이줄기)에서 옅은 오렌지색 혹은 노란색의 기름을 추출한다. 기름은 향유로 사용되며 향기가 깊고 은은하다.

식물 관련 의미

'나드'를 '감송'이라고 하는데 '감송(spikenard)'의 명칭은 '나드(nardos)'에 대한 히브리어와 그리스어를 기초로 하여 붙여진 단어로, 여러 가지 식물에서 생산된 다양한 물질들을 가리키는 것으로 추측한다. 중국 의학 문서에는 향이 진정 효과를 준다는 기록이 있어 의약품으로도 사용하고 있다. 아 4:13-14에서 언급한 나도는 고대 이집트 시대부터 향이 고급스럽고 사치스러운 귀한 향품 중 하나로 사용되어 왔다. 막 14:3에서 마리아가 예수께 사용한 귀한 향유가 나도향품의 추출물이다.

나르도

유액

잎

향료와 약용

딜 (회향, Dill, Fennel)

유대인들이 십일조로 드린 식물

학명 Anethum graveolens L. (산형과)　**히브리명** 쉐베트(sehbet)　**원산지** 팔레스타인, 이란 서부, 중동
개화기 3~4월
성경참조 마 23:23

23. 화 있을진저 외식하는 서기관들과 바리새인들이여 너희가 박하와 회향과 근채의 십일조를 드리되 율법의 더 중한 바 의와 인과 신은 버렸도다 그러나 이것도 행하고 저것도 버리지 말아야 할지니라
24. 소경된 인도자여 하루살이는 걸러내고 약대는 삼키는도다
25. 화 있을진저 외식하는 서기관들과 바리새인들이여 잔과 대접의 겉은 깨끗이 하되 그 안에는 탐욕과 방탕으로 가득하게 하는도다
26. 소경된 바리새인아 너는 먼저 안을 깨끗이 하라 그리하면 겉도 깨끗하리라

식물의 특징

산형과에 속하며 팔레스타인, 중동 지역에서 자라는 일년초 초본 식물이다. 높이는 30~50cm 정도로 줄기가 곧게 뻗어 자라며 줄기 맨 끝에 흰색 꽃이 솜처럼 모여 우산 모양처럼 핀다. 씨앗은 향이 좋아 곱게 빻아 조미료나 약재, 향료의 재료로 쓰인다.

식물 관련 의미

마 23:23에서 하나님께서는 박하, 근채, 회향 등을 나열하며 바리새인과 서기관들에게 십일조의 규례를 철저히 지킬 것을 강조하기 위해 사소한 식물까지 사용하셨다. 신약 시대에는 박하, 회향, 근채는 이스라엘의 흔한 농작물이었다. 예수께서는 종교 지도자들의 믿음관에 대한 왜곡된 가치관에 대한 비난으로 딜을 흔한 농작물의 수확에 비유하여 사용하셨다.

잎

뿌리

꽃

향료와 약용

마조람 (우슬초, Syrian hyssop, Wild marjoram, Marjoram)

유월절 문설주에 피를 뿌릴 때 사용된 식물

학명 Origanum suriacum Linn. **히브리명** 마조람(marjoram) **원산지** 지중해 연안 **개화기** 5~9월
성경참조 출 12:22, 레 14:4, 14:6, 14:49, 14:51−52, 민 19:6, 왕상 4:33, 5:13, 시 51:7, 요 19:29, 히 9:19

➤ **출애굽기 12장 21-22절**

21. 모세가 이스라엘 모든 장로를 불러서 그들에게 이르되 너희는 나가서 너희 가족대로 어린 양을 택하여 유월절 양으로 잡고

22. 너희는 우슬초 묶음을 취하여 그릇에 담은 피에 적시어서 그 피를 문 인방과 좌우 설주에 뿌리고 아침까지 한 사람도 자기 집 문 밖에 나가지 말라

➤ **요한복음 19장 29절**

29. 거기 신 포도주가 가득히 담긴 그릇이 있는지라 사람들이 신 포도주를 머금은 해융을 우슬초에 매어 예수의 입에 대니

식물의 특징

우리나라에서 자라는 쇠무릎이라고 하는 약초를 우슬이라고 하는데 성경에서 우슬초는 히브리어 '마조람(marjoram)'을 말한다.

우슬초는 높이가 70cm 정도 자라며 지면에서 많은 가지가 군락을 지어 커다란 포기를 형성하며 자란다. 잎은 마주나기를 하며 두툼한 하트 모양을 하고 있다. 꽃은 5월에 피고 자잘한 모양의 흰색이 가지 끝에 수상 화서(穗狀花序)처럼 보인다. 향기가 있어 말린 후에 가루로 만들어 방부제나 독을 제거하는 민간 요법으로도 사용하고 있다.

식물 관련 의미

이스라엘 백성들은 출애굽 하면서 우슬초를 솔로 사용하였다. 출 12:22에서는 우슬초의 줄기에 피를 적셔 문설주에 발라 죽음을 피할 수 있었다. 레 14:4, 14:6, 14:49, 14:51-52, 민 19:6, 19:18에서는 우슬초에 피를 뿌려 나병 환자를 치료하였다. 시 51:7, 히 9:19에서는 우슬초 줄기에 털이 많아서 수분을 잘 흡수하여 죄를 깨끗이 하는 정결 의식에 사용하였다. 요 19:29에서는 십자가에서 모진 고난을 받고 목말라 정신을 잃은 예수의 입에 우슬초 줄기에 신 포도주를 적셔 입술을 적시는 데 사용하였다.

꽃

잎

마조람

향료와 약용

몰약 (沒藥, Myrrh)

거룩한 관유를 만드는 재료 중 하나

학명 Commiph myrrha, Commiph molmol. (감람나무과) **히브리명** 모르(mor) **원산지** 아라비아, 소말리아, 에티오피아, 아프리카, 인도양 **개화기** 5~6월

성경참조 출 30:23, 아 5:13, 시 45:8, 잠 7:17, 아 1:13, 에 2:12, 마 2:11, 27:34, 막 15:23, 요 19:39

관련 성경 구절

➤ 출애굽기 30장 22-25절

22. 여호와께서 모세에게 또 일러 가라사대
23. 너는 상등 향품을 취하되 액체 몰약 오백 세겔과 그 반수의 향기로운 육계 이백오십 세겔과 향기로운 창포 이백 오십 세겔과
24. 계피 오백 세겔을 성소의 세겔대로 하고 감람 기름 한 힌을 취하여
25. 그것으로 거룩한 관유를 만들되 향을 제조하는 법대로 향기름을 만들지니 그것이 거룩한 관유가 될지라

➤ 마태복음 2장 9-11절

9. 박사들이 왕의 말을 듣고 갈새 동방에서 보던 그 별이 문득 앞서 인도하여 가다가 아기 있는 곳 위에 머물러 섰는지라
10. 저희가 별을 보고 가장 크게 기뻐하고 기뻐하더라
11. 집에 들어가 아기와 그 모친 마리아의 함께 있는 것을 보고 엎드려 아기께 경배하고 보배합을 열어 황금과 유향과 몰약을 예물로 드리니라

식물의 특징

몰약은 감람나무과로 석회암이나 암석 같은 곳에서 자라는 관목(灌木)이다. 높이는 1.5~5m 정도 높이 자란다. 굵고 단단하며 잎이 지면 나뭇가지에 가시가 있는 게 특징이다. 잎은 3장으로 복엽(複葉)을 이루며 열매는 타원형이다. 줄기와 나뭇가지에서 수액이 흐르는데 고무 같은 흰색의 말랑한 수액(樹液)이 흘러내리면서 황갈색의 진이 된다. 황갈색의 진이 몰약의 재료로 사용되는데 맛은 쓰고 향이 강하다.

식물 관련 의미

몰약은 하나님께서 거룩하게 규정한 관유이다. 출 30:23에서는 하나님께서 모세에게 직접 몰약을 사용하여 거룩한 관유로 만들 것을 말씀하셨고, 마 2:11에서 예수 탄생을 축하하기 위해 동방 박사들이 들고 갔던 선물 중 하나이다.

나무에서 흐르는 진액

마 27:34과 막 15:23의 "예수님이 십자가에 못 박히실 때 로마의 병사들이 몰약을 탄 포도주를 마시게 했으나 마시지 않으셨다."에서 그 맛이 얼마나 쓴지 쓸개 탄 포도주로 표현하고 있다. 아랍어의 '맛이 쓰다'는 'murr'에서 유래되어 몰약이라 불렸다. 고대 애굽인들은 이 몰약을 향품과 같이 미라를 만들 때에 사용하였으며 로마인은 포도주의 향료에 섞어서 사용하였으며 의료품인 연고로도 사용하였다.

응고된 몰약

향료와 약용

박하 (말박하, 긴 박하, Mint, Horse mint)

유월절의 쓴 나물로 사용된 식물 중 하나

학명 Mentha longifolium L. (꿀풀과) **히브리명** 헤두오스몬(heduosmom) **원산지** 지중해 연안, 팔레스타인
개화기 4~12월
성경참조 마 23:23, 눅 11:42

➥ **마태복음 23장 23−24절**

  23. 화 있을진저 외식하는 서기관들과 바리새인들이여 너희가 박하와 회향과 근채의 십일조를 드리되 율법의 더 중한
      바 의와 인과 신은 버렸도다 그러나 이것도 행하고 저것도 버리지 말아야 할지니라

  24. 소경된 인도자여 하루살이는 걸러내고 약대는 삼키는도다

➥ **누가복음 11장 42−43절**

  42. 화 있을진저 너희 바리새인이여 너희가 박하와 운향과 모든 채소의 십일조를 드리되 공의와 하나님께 대한 사랑
      은 버리는도다 그러나 이것도 행하고 저것도 버리지 아니하여야 할지니라

  43. 화 있을진저 너희 바리새인이여 너희가 회당의 높은 자리와 시장에서 문안받는 것을 기뻐하는도다

식물의 특징

꿀풀과의 여러해살풀이며 습지에서 서식한다. 높이는 60~90cm로 자주색, 흰색의 작은 꽃
이 줄기 끝에 핀다.

한방에서는 강한 향을 지니고 있어 잎과 줄기는 약용으로 사용하고, 마시는 차로도 사용
한다.

식물 관련 의미

유대인들의 유월절 음식의 재료인 쓴 나물 중 하나로 사용되었으며 향이 매우 강하여 회당
에 방향제로도 사용되었다. 마 23:23과 눅 11:42에서는 서기관들과 바리새인들에게 율법에
따라 십일조를 제대로 잘 지켰는지를 말하기 위해 인용하였다.

헬라어 '헤뒤오스몬(ήδύοσμον)'인 박하는 팔레스타인 산기슭이나 시냇가 근처에서 흔하게
볼 수 있는 식물이다. 잎은 회녹색이며 피침형(披針形)으로 가장자리는 톱니 모양이다. 잎은
말려서 식재료와 의약품으로도 사용한다.

꽃   꽃   잎

향료와 약용

반일화 (몰약, Rock rose, Ladanum)

의약품으로 사용했던 식물 중 하나

학명 Cistus sp. (반일화과) 히브리명 로트(lot) 원산지 지중해 연안 개화기 3~4월
성경참조 창 37:25, 43:11

관련 성경 구절

➤ **창세기 37장 23–25절**

23. 요셉이 형들에게 이르매 그 형들이 요셉의 옷 곧 그 입은 채색옷을 벗기고
24. 그를 잡아 구덩이에 던지니 그 구덩이는 빈 것이라 그 속에 물이 없었더라
25. 그들이 앉아 음식을 먹다가 눈을 들어 본즉 한 떼 이스마엘 족속이 길르앗에서 오는데 그 약대들에 향품과 유향과 몰약을 싣고 애굽으로 내려가는지라

➤ **창세기 43장 11–12절**

11. 그들의 아비 이스라엘이 그들에게 이르되 그러할진대 이렇게 하라 너희는 이 땅의 아름다운 소산을 그릇에 담아 가지고 내려가서 그 사람에게 예물을 삼을지니 곧 유향 조금과 꿀 조금과 향품과 몰약과 비자와 파단행이니라
12. 너희 손에 돈을 배나 가지고 너희 자루 아구에 도로 넣여 온 그 돈을 다시 가지고 가라 혹 차착이 있었을까 두렵도다

식물의 특징

반일화(半日花)는 산철쭉과 비슷하며 높이는 1m 정도 자란다. 꽃은 흰색이나 분홍색의 두 종류로 꽃이 핀다. 넓이가 2cm, 길이가 5cm 정도의 잎을 가지고 있으며 흰 바탕에 검은 붉은 점이 있는 좁고 긴 잎을 가진 것이 있다.

반일화는 이름 그대로 해가 뜨는 오전에 꽃이 피었다가 해가 지는 오후에 꽃이 지는 특징을 가지고 있다.

식물 관련 의미

반일화는 히브리어의 '로트(lot)'에 대한 번역으로 성경에서는 몰약을 말하고 있다. 몰약의 원료로 쓰인 몰약나무는 고대 근동 지역에서는 자생하지 않는 나무로 구약 시대엔 반일화를 몰약처럼 사용했을 것이라고 성서학자들은 보고 있다. 창세기서에서 나오는 이스라엘 상인들이 싣고 다녔던 몰약과 야곱의 아들들이 애굽으로 싣고 갔던 몰약은 그 당시 반일화로 히브리어인 '로트(lot)'로 보고 있다. 동방 박사들이 예수 탄생 때 선물로 가져간 몰약은 몰약나무에서 추출한 향유로 히브리어 '모르(more)'로 다른 의미를 가지고 있다.

꽃

자주색 꽃

꽃

서양 때죽나무 (소합향, Styrax, Officinal storax)

특별히 제조된 거룩한 향료로 사용

학명 Styrax officinalis L. (때죽나뭇과: Styraceae) 히브리명 리브네(livneh) 원산지 지중해 연안, 인도,
중국 개화기 3~5월
성경참조 출 30:34

34. 여호와께서 모세에게 이르시되 너는 소합향과 나감향과 풍자향의 향품을 취하고 그 향품을 유향에 섞되 각기 동일한 중수로 하고

35. 그것으로 향을 만들되 향 만드는 법대로 만들고 그것에 소금을 쳐서 성결하게 하고

36. 그 향 얼마를 곱게 찧어 내가 너와 만날 회막 안 증거궤 앞에 두라 이 향은 너희에게 지극히 거룩하니라

37. 네가 만들 향은 여호와를 위하여 거룩한 것이니 그 방법대로 너희를 위하여 만들지 말라

38. 무릇 맡으려고 이같은 것을 만드는 자는 그 백성 중에서 끊쳐지리라

식물의 특징

때죽나무는 때죽나뭇과이며 낙엽 교목으로 높이는 3~10m이다. 잎은 단엽의 녹색으로, 꽃은 흰색으로 3~5월에 송이로 핀다. 열매는 구슬 모양이고, 줄기 수피에서는 진액이 나오는데 이 진액으로 향료를 만들기도 한다.

식물 관련 의미

출 30:34에서는 소합향을 회막의 증거궤 앞에 두기 위해 특별히 제조된 거룩한 향료의 하나로 사용하였으며, 모세가 바로를 피해 애굽에서 떠날 때 가지고 있었던 지팡이를 이 나무로 만들었다고 되어 있다. 모세의 지팡이는 싹이 난 지팡이로도 유명한데 이 지팡이를 땅에 꽂으니 싹이 났다고 전해지면서 신성한 나무로 여기고 있다.

향료와 약용

잎   꽃   열매

아마포 (휘장, 세마포의 원료, Flax)

제사장이나 죽은 자에게 사용되는 옷감의 재료

학명 Linum usitatissimum Linm. (아마과) **원산지** 지중해 연안, 인도 **개화기** 3~4월

성경참조 페쉐트(pesheth), 피슈타(pishtah) / 출 9:31, 레 13:47−48, 13:52, 13:59, 신 22:11, 수 2:6, 삿 15:14, 잠 31:13, 사 19:9, 42:3, 43:17, 렘 13:1, 겔 40:3, 44:17−18, 호 2:5, 2:9

에툰(etun) / 잠 7:16

바드(bad) / 출 28:42, 39:28, 레 6:10, 16:4, 16:23, 16:32, 삼상 2:18, 삼하 6:14, 대상 15:27, 겔 9:2−3, 9:11, 10:2, 6−7, 단 10:5, 12:6−7

부쯔(buts) / 대상 4:21, 15:27, 대하 2:14, 3:14, 5:12, 에 1:6, 8:15, 겔 27:16

싸딘(sadin) / 삿 14:12−13, 잠 31:24, 사 3:23

쉐쉬(shesh) / 창 41:42, 출 25:4, 26:1, 26:31, 36:8, 36:35, 38:9, 38:16, 38:18, 38:23, 39:2−3, 39:5, 39:8, 39:27, 39:29, 잠 31:22, 겔 16:10, 16:13, 27:7

부소스(busos) / 눅 16:19

리논(linon), 리우스(linous) / 마 12:20, 계 15:6

오토네(othone), 오토니온(othonion) / 눅 24:12, 요 19:40, 20:5−7, 행 10:11, 11:5

신돈(sindon) / 마 27:59, 막 14:51−52, 15:46, 눅 23:53

관련 성경 구절

➤ 출애굽기 9장 31절 / 페쉐트(pesheth), 피슈타(pishtah)

  31. 때에 보리는 이삭이 나왔고 삼은 꽃이 피었으므로 삼과 보리가 상하였으나

➤ 에스겔 27장 16절 / 부쯔(buts)

  16. 너의 제조품이 풍부하므로 아람은 너와 통상하였음이여 남보석과 자색 베와 수놓은 것과 가는 베와 산호와 홍보석을 가지고 네 물품을 무역하였도다

➤ 누가복음 16장 19절 / 부소스(busos)

  19. 한 부자가 있어 자색 옷과 고운 베옷을 입고 날마다 호화로이 연락하는데

식물의 특징

중동과 중앙아시아가 원산지인 아마는 한해살이풀로 좁은 잎과 5개의 꽃잎으로 되어 있다. 여름 옷감 소재로 많이 사용되는 리넨(아마포)의 재료가 되는 식물이다. 줄기에서 얻은 섬유로 리넨 등의 직물을 만들며 씨는 기름인 아마씨유를 만든다.

식물 관련 의미

옷을 만드는 아마는 주전 5천년 전에 고대 중동 지역에서 재배된 가장 오래된 직물의 원료 중 하나다. 아마는 일찍이 애굽에서도 재배되었다. 아마의 히브리명의 뜻은 사용된 곳과 장소, 쓰임에 따라 해석되었다. 무더운 이스라엘에서는 아마포가 땀 흡수가 뛰어나고 시원하여 제사장이나 높은 지위에 있는 사람들이 입었으며 죽은 자들의 시체를 감싸는 데 사용하였음을 알 수 있다. 창 41:42에서의 '쉐쉬'는 애굽에서 생산된 아마포를 뜻하고 있다. 출 25:4, 35:6, 35:23, 35:25, 35:35에서는 가는 베실로 제사장의 의복을 지었다. 제사장들이 아마포로 만든 옷을 입는 이유는 제단의 열 가까이에 있기 때문에 땀 흘리는 것을 방지하기 위해서였다. 눅 24:12, 요 19:40, 눅 23:53에서는 십자가에서 돌아가신 예수님의 시신을 고운 베옷에 쌌다.

꽃

아마포로 만든 직물

씨앗

운향 (芸香, Rue)

십일조 적용에 대해 논의된 식물

학명 Ruta chalepensis Linn. (운향과) **히브리명** 페가논(peganon) **원산지** 지중해 연안 **개화기** 4~5월
성경참조 눅 11:42

관련 성경 구절　　누가복음 11장 39 – 42절

39. 주께서 이르시되 너희 바리새인은 지금 잔과 대접의 겉은 깨끗이 하나 너희 속인즉 탐욕과 악독이 가득하도다
40. 어리석은 자들아 밖을 만드신 이가 속도 만들지 아니하셨느냐
41. 오직 그 안에 있는 것으로 구제하라 그리하면 모든 것이 너희에게 깨끗하리라
42. 화 있을진저 너희 바리새인이여 너희가 박하와 운향과 모든 채소의 십일조를 드리되 공의와 하나님께 대한 사랑은 버리는도다 그러나 이것도 행하고 저것도 버리지 아니하여야 할지니라

식물의 특징

지중해 연안에서 자라는 다년생 관목으로 높이가 50~90cm 정도 자란다. 아래에서부터 가지가 갈라져 덤불 형태로 자라고 강한 향기가 있으며 꽃은 노란색으로 원추 화서(園錐花序)로 핀다. 꽃잎이 안쪽을 향해 모아져 있으며 가장자리에는 꽃잎이 여러 갈래로 가늘게 나뉘어져 있다. 잎에는 유선이 많고 열매는 끝이 뾰족하다.

운향의 향기가 있는 근처에는 마귀가 가까이 못 하고, 결혼을 하지 않은 처녀들이 이것을 지니고 있으면 유혹을 물리친다고 믿었다. 뱀이나 독이 있는 곤충에게 물렸을 때, 빈혈, 간질, 벙어리 치료 등에도 효과가 있다고 믿었다. 맛은 쓴맛이 난다.

식물 관련 의미

눅 11:42에서는 예수께서 바리새인들의 십일조에 대한 자랑을 비난하시며 운향을 언급하셨다. 운향은 이스라엘 지역에서 흔한 식물이지만 신약 시대 전에는 재배되지 않았던 식물이다. 하지만 유대인들은 탈무드의 법에 따라 운향을 포함한 모든 식물을 수확한 후 십일조에 포함시켰다.

꽃

꽃

유향 (乳香, Bible frankincense, Incense)

소재의 예물로 드려졌던 재료

학명 Boswellia carteii Birew (감람과) **히브리명** 레보나(levonah) **원산지** 아라비아 남부, 아프리카 동부, 소말리아, 이집트, 인도, 수단 **개화기** 2~4월

성경참조 출 30:34, 레 2:1-2, 2:15-16, 민 5:15, 대상 9:29, 느 13:5, 13:9, 아 1:13, 3:6, 4:6, 4:14, 사 43:23, 60:6, 렘 6:20, 17:26, 41:5, 마 2:11, 계 18:13

➤ 레위기 2장 1−3절
1. 누구든지 소제의 예물을 여호와께 드리려거든 고운 가루로 예물을 삼아 그 위에 기름을 붓고 또 그 위에 유향을 놓아
2. 아론의 자손 제사장들에게로 가져올 것이요 제사장은 그 고운 기름 가루 한 줌과 그 모든 유향을 취하여 기념물로 단 위에 불사를지니 이는 화제라 여호와께 향기로운 냄새니라

➤ 마태복음 2장 11절
11. 집에 들어가 아기와 그 모친 마리아의 함께 있는 것을 보고 엎드려 아기께 경배하고 보배합을 열어 황금과 유향과 몰약을 예물로 드리니라

식물의 특징

유향은 인도, 아라비아와 소말리아(Somalia)산의 보스웰리아 카르테리(Boswellia Carterii)라는 유향나무의 진(gum)액에서 흘러나오는 향기로운 향을 가지고 있다. 높이는 3m 정도이며 관목으로 날개 모양의 잎과 초록색 또는 흰색의 작은 꽃이 있다. 줄기에서 진액이 나오며 진액이 흘러 굳어진다. 황갈색의 진액이 건조되면서 잘 부서지는데 가루 분말은 반짝이며 유향의 쓴맛이 난다. 유향은 대부분 아프리카나 아라비아의 세바에서 들어왔다. 고대 시대엔 사치성 품목에 속했다.

유향(frankincense)의 이름에 대한 논의는 여러 경로를 통해 구약 시대에 들어오는 과정에서 나라마다 조금씩 차이를 보인다. 그 나라들마다 토양에서 재배하는 과정과 다른 언어로 불리는 명칭에 따라 차이를 보이기 때문이다.

식물 관련 의미

유향은 고대 시대 때부터 유대인들에게는 성막에서 피웠던 거룩한 향료의 재료이다. 출 30:34에서는 하나님께서 모세에게 성막 증거궤 앞에 두도록 지시한 거룩한 유향이며 레 2:1에서의 유향은 소재의 예물로 드려졌다. 그러나 민 5:15에서의 유향은 질투로 인해 거룩한 소재에서 제외됐다. 레 24:7에서 유향은 전설병에 뿌려졌다. 마 2:11에서의 유향은 박사들이 아기 예수님께 경배하고 드렸던 선물이었다.

향료와 약용

뿌리

귀한 향유로 취급됨.

향을 피우기 위한 재료로 사용됨.

육계 (계피, Cinnamon, Ceylon cinnamon)

성막과 법궤와 제사장에게 사용된 거룩한 기름의 재료

학명 Cinnamomum verum J. Presl (녹나뭇과) 히브리명 키나몬(qinnamon) 원산지 스리랑카, 인도, 미
얀마 개화기 5~6월
성경참조 출 30:23, 잠 7:17-18, 아 4:14, 계 18:13

관련 성경 구절

➤ **출애굽기 30장 22−24절**

22. 여호와께서 모세에게 또 일러 가라사대
23. 너는 상등 향품을 취하되 액체 몰약 오백 세겔과 그 반수의 향기로운 육계 이백오십 세겔과 향기로운 창포 이백오십 세겔과
24. 계피 오백 세겔을 성소의 세겔대로 하고 감람 기름 한 힌을 취하여

➤ **요한계시록 18장 13−14절**

13. 계피와 향료와 향과 향유와 유향과 포도주와 감람유와 고운 밀가루와 밀과 소와 양과 말과 수레와 종들과 사람의 영혼들이라
14. 바벨론아 네 영혼의 탐하던 과실이 네게서 떠났으며 맛있는 것들과 빛난 것들이 다 없어졌으니 사람들이 결코 이것들을 다시 보지 못하리로다

식물의 특징

히브리명 '키나몬(qinnamon)'은 '계피, 육계(cinnamon)'를 의미하며 '향긋한 나무'라는 인도, 스리랑카의 '카유 마니스(Kayu manis)'에서 최초 유래된 형태라는 설도 있다. 녹나뭇과로 상록 교목이며 실론 육계수라고 부르기도 한다. 대부분은 스리랑카, 인도, 미얀마가 원산지로 높이가 6~7m까지 자란다. 잎은 서로 마주 보며 달려 있고 잎의 길이가 10~15cm 정도이다. 꽃은 향기를 가지고 있으며 원추 화서(圓錐花序)로 녹색이다. 초기에는 애굽 음식의 향료로 많이 쓰였으며 종교 의식에서도 사용되었다.

육계 껍질과 가루

식물 관련 의미

출 30:23에서 이 당시 육계는 성막과 법궤와 제사장에게 바르고 부을 때 사용된 거룩한 제사 의식에 사용된 기름의 재료였다. 잠 7:17에서 몰약과 침향과 함께 계피를 뿌렸는데 이 몰약, 침향, 계피는 요부가 어리석은 남자를 유혹할 때 침실에서 쓴 것으로 이 시대에도 향수와 음식의 재료로 사용되었다.

잎

향료와 약용

침향 (알로에, 노희, Aloe wood)

니고데모가 예수의 시신에 바른 향품

학명 Aloe sp. **히브리명** 아할림(ahlim) **원산지** 지중해 연안 **개화기** 3~4월
성경참조 잠 7:17, 아 4:14, 요 19:39−40

38. 아리마대 사람 요셉이 예수의 제자나 유대인을 두려워하여 은휘하더니 이 일 후에 빌라도더러 예수의 시체를 가져 가기를 구하매 빌라도가 허락하는지라 이에 가서 예수의 시체를 가져가니라

39. 일찍 예수께 밤에 나아왔던 니고데모도 몰약과 침향 섞은 것을 백 근쯤 가지고 온지라

40. 이에 예수의 시체를 가져다가 유대인의 장례법대로 그 향품과 함께 세마포로 쌌더라

41. 예수의 십자가에 못 박히신 곳에 동산이 있고 동산 안에 아직 사람을 장사한 일이 없는 새 무덤이 있는지라

42. 이 날은 유대인의 예비일이요 또 무덤이 가까운 고로 예수를 거기 두니라

식물의 특징

고대 아랍 국가와 팔레스타인에서 재배해 왔던 것으로 백합과의 여러해살이 다육 식물이다. 알로에의 높이는 60~70cm 정도 자라는데 지중해 연안이나 아프리카와 같은 태양이 뜨거운 지역에서는 높이가 2m까지 자라기도 한다. 잎은 어긋나기로 뿌리와 줄기에 달리며 로제트와 같이 사방으로 퍼져 있으며 과육처럼 두툼하고 가장자리에 톱니처럼 가시가 나 있다. 꽃은 꽃 대가 위로 올라와 총상 꽃차례를 이루고 두툼하게 피며 수술이 6개이고 암술이 1개이다. 꽃은 황적색으로 콘 모양으로 핀다.

노희는 속(屬)명인 Aloe의 A를 뺀 loe의 로에를 한자인 노희로 이름을 붙인 것이다.

식물 관련 의미

요 19:39에서는 니고데모가 몰약과 침향을 예수의 시체 위에 발랐다. 이 당시에는 침향나무 와 노희에서 추출한 용액들을 시신을 매장하기 전에 방부제로 사용하였다. 알로에는 수세기 동안 피부가 햇볕에 그을리거나 찰과상을 입었을 때 치료약으로 사용되었다. 구약에서의 침 향은 느티나무로 번역하고 있다.

향료와 약용

노희

노희

유액

침향 (Aloes wood, Aloes)

니고데모가 예수님의 몸에 바르기 위해 가져왔던 향유의 재료

학명 Aquillaria agallocha (팥꽃나뭇과) **히브리명** 아할림(ahalim), 아할로트(ahaloth) **원산지** 인도, 말레이시아, 베트남 북부 **개화기** 3~4월

성경참조 아할림(ahalim) / 민 24:6, 아 4:14 　　　아할로트(ahaloth) / 시 45:8, 잠 7:17

　　　　　알로에(aloes) / 요 19:39－40

➤ 민수기 24장 5-6절

    5. 야곱이여 네 장막이, 이스라엘이여 네 거처가 어찌 그리 아름다운고

    6. 그 벌어짐이 골짜기 같고 강가의 동산 같으며 여호와의 심으신 침향목들 같고 물가의 백향목들 같도다

➤ 시편 45편 8절

    8. 왕의 모든 옷은 몰약과 침향과 육계의 향기가 있으며 상아궁에서 나오는 현악은 왕을 즐겁게 하도다

➤ 민수기 24장 5-6절

    5. 야곱이여 네 장막이, 이스라엘이여 네 거처가 어찌 그리 아름다운고

    6. 그 벌어짐이 골짜기 같고 강가의 동산 같으며 여호와의 심으신 침향목들 같고 물가의 백향목들 같도다

➤ 요한복음 19장 39-40절

    39. 일찍 예수께 밤에 나아왔던 니고데모도 몰약과 침향 섞은 것을 백 근쯤 가지고 온지라

    40. 이에 예수의 시체를 가져다가 유대인의 장례법대로 그 향품과 함께 세마포로 쌌더라

식물의 특징

침향(枕向)은 팥꽃나뭇과에 속하는 상록 교목으로, 성경에는 느티나무가 침향나무로 번역되어 있다. 높이는 35~40m이며 피침형(披針形)으로 바늘 모양처럼 잎이 갈라져 있으며 고르지 않게 나 있다. 꽃은 흰색으로 줄기의 맨 끝에 난다. 침향은 향목을 태워서 향을 낸다. 나무의 진액은 향이 진하여 몰약과 섞어 시체의 방부제로 사용했다.

식물 관련 의미

민 24:6에서의 '아할림(ahalim)'은 침향나무의 향기로운 향품이 아니고 수풀이 우거진 나무들을 표현하기 위한 것으로 해석한다. 6절 후반부의 "여호와의 심으신 침향목들 같고 물가의 백향목들 같도다."는 야곱의 장막에 나무들이 울창하고 풍성하게 숲을 이루고 있음을 말해 주고 있다. 민 24:6 구절 이외 성경의 모든 기록들에서의 침향은 향기로운 향품으로서 향수나 향료 등으로 사용되었다. 요 19:39-40에는 니고데모가 가져온 향품을 예수의 시체와 함께 세마포에 싸서 장사하였다고 기록되어 있다.

※ '아할림'은 침향나무를 의미하며 헬라어로는 알로에이다. 향이 강하고 좋으며 향료의 재료로 사용되었다.

잎

나무를 말려 향을 피우는 재료로 사용함.

쿠민 (대회향, 근채, Black cumin, Black caraway)

흔한 농작물로 십일조의 비유로 언급된 식물

학명 Nigella sativa L. (미나리아재빗과) 히브리명 카몬(kammon) 원산지 지중해 연안, 남유럽, 북아프리카
개화기 6~7월
성경참조 사 28:25-27, 마 23:23

➤ 이사야 28장 24-28절

24. 파종하려고 가는 자가 어찌 끊이지 않고 갈기만 하겠느냐 그 땅을 개간하며 고르게만 하겠느냐

25. 지면을 이미 평평히 하였으면 소회향을 뿌리며 대회향을 뿌리며 소맥을 줄줄이 심으며 대맥을 정한 곳에 심으며 귀리를 그 가에 심지 않겠느냐

26. 이는 그의 하나님이 그에게 적당한 방법으로 보이사 가르치셨음이며

27. 소회향은 도리깨로 떨지 아니하며 대회향에는 수레 바퀴를 굴리지 아니하고 소회향은 작대기로 떨고 대회향은 막대기로 떨며

28. 곡식은 부수는가, 아니라 늘 떨기만 하지 아니하고 그것에 수레 바퀴를 굴리고 그것을 말굽으로 밟게 할지라도 부수지는 아니하나니

➤ 마태복음 23장 23절

23. 화 있을진저 외식하는 서기관들과 바리새인들이여 너희가 박하와 회향과 근채의 십일조를 드리되 율법의 더 중한 바 의와 인과 신은 버렸도다 그러나 이것도 행하고 저것도 버리지 말아야 할지니라

식물의 특징

미나리아재빗과의 일년초이며 높이는 30cm 정도로 자란다. 잎은 가늘게 여러 갈래로 갈라져 있고 꽃은 연보라색이며 5장의 꽃받침과 꽃잎으로 되어 있다. 열매는 두터운 삭과로 5개의 실 안에 검은색의 종자가 들어 있다. 열매는 식용으로도 사용하는데 맵고 자극적인 씨앗은 요리할 때 지금의 후추와 같은 조미료로 쓰였다. 빵이나 스프에 뿌려 먹기도 한다.

식물 관련 의미

히브리명인 '카몬(kammon)'과 헬라명인 '쿠미논(kuminon)'은 쉬운 번역본에서는 '모든 종류의 작은 재배 식물들'로, 신약 시대에 농작물로 흔하게 수확하는 식물들을 십일조에 포함하여야 할지에 대한 설명을 할 때 근채가 포함되었다. 근채는 씨를 말려 가루를 내어 음식의 향신료나 향기 주머니로 사용되었다. 구약 시대에도 농작물로 흔하게 재배되었던 식물로 하나님께서 교만한 지도자들에게 비유로 언급한 식물이다.

향료와 약용

꽃

열매

쿠민 꽃

찾아보기

ㄱ

가라지 ································ 96
가시구기자나무 ··················· 8
가시나무 (가시대추) ············· 10
가시나무 (자관목) ·············· 12
가시덤불 ························· 98
가시풀감 ························ 100
갈대 ····························· 166
검은 쿠민 ······················ 228
겨자 ····························· 230
계피 ····························· 232
고벨화 ·························· 234
고수 ····························· 188

ㄴ

나도향풀 ························ 236
나문재나무 ······················ 190
노랑사리풀 ······················ 102
느릅나무 ·························· 14

ㄷ

대추야자나무 ····················· 16
독초 (독당근) ·················· 104
독초 (독미나리) ················ 106
돌무화과나무 ····················· 18
동양풍나무 ······················ 20
들박 ····························· 108
들의 백합(들의 꽃, 들풀)류 ···· 110
　들의 백합류 ❶ 돔 마카비 ··· 112
　들의 백합류 ❷ 무스카리 ···· 114
　들의 백합류 ❸ 선인장 ······ 116
　들의 백합류 ❹ 시클라멘 ···· 118
　들의 백합류 ❺ 아네모네 ···· 120
　들의 백합류 ❻ 아도니스 ···· 122
　들의 백합류 ❼ 양귀비 ······ 124
　들의 백합류 ❽ 튤립 ········· 126
　들의 백합류 ❾ 페니키아장미 ·· 128
딜 ······························· 238
떨기나무 ·························· 22

ㄹ

로뎀나무 ·························· 24
리크 ····························· 192

ㅁ

마늘 ····························· 194
마조람 ··························· 240
마타나무 ·························· 26
매더 ····························· 168
목화 ····························· 170
목화나무 ·························· 28
몰약 ····························· 242
무화과나무 ······················· 30
밀 ······························· 196

ㅂ

박 ······························· 172
박하 ····························· 244
반일화 ··························· 246
백단목 ··························· 32
백향목 ··························· 34
버드나무 (버들잎 사시나무) ····· 36
버드나무 (시내 버들) ··········· 38
버드나무 (은백양) ·············· 40
버즘나무 ·························· 42
벌가새 ··························· 174
병아리콩 ························· 198
보리 ····························· 200
부들 ····························· 176
부추 ····························· 202
비둘기똥 ························· 130
뽕나무 ··························· 44

ㅅ

사과나무 ·························· 46
살구나무 ·························· 48

상수리나무 ―――――――――― 50
샤론의 꽃 ❶ 나리꽃 ――――――― 132
샤론의 꽃 ❷ 번홍화 ――――――― 134
샤론의 꽃 ❸ 수선화 ――――――― 136
서양 때죽나무 ――――――――― 248
서양 박태기나무 ―――――――― 52
석류나무 ―――――――――――― 54
소돔 사과 ――――――――――― 56
수련 ――――――――――――― 138
수박 ――――――――――――― 204
수수 ――――――――――――― 206
실라 ――――――――――――― 140
쐐기풀 ―――――――――――― 142
쑥 ―――――――――――――― 144
쓴 나물 (들꽃상치) ―――――――― 208
쓴 나물 (서양민들레) ―――――― 210
쓴 나물 (셀러리) ―――――――― 212
쓴 나물 (치커리) ―――――――― 214

ㅇ

아마포 ――――――――――――― 250
아브라함나무 ――――――――― 58
아욱 ――――――――――――― 216
아카시아 ――――――――――― 60
알레포소나무 ―――――――――― 62
양파 ――――――――――――― 218
엉겅퀴류 1 ―――――――――― 146
　엉겅퀴류 ❶ 가시수레국화 ――――― 148
　엉겅퀴류 ❷ 금엉겅퀴 ―――――― 150
　엉겅퀴류 ❸ 시리아엉겅퀴 ―――― 152
엉겅퀴류 2 ―――――――――― 154
　엉겅퀴류 ❶ 토르네폴티 군데리아 ― 156
　엉겅퀴류 ❷ 푼켄스절굿대 ―――― 157
　엉겅퀴류 ❸ 흰무늬엉겅퀴 ――――― 158
올리브나무 ―――――――――― 64
운향 ――――――――――――― 252
월계수 ―――――――――――― 66
위성류 ―――――――――――― 68
유향 ――――――――――――― 70
유향 ――――――――――――― 254

유향나무 ―――――――――――― 72
육계 ――――――――――――― 256
은매화 ――――――――――――― 74
이태리 편백나무 ―――――――― 76

ㅈ

잠두 ――――――――――――― 220
좁은잎꼭두서니 ――――――――― 160
지마채 ―――――――――――― 222
지중해딸기 ―――――――――――― 78

ㅊ

참나무 ―――――――――――― 80
창포 ――――――――――――― 178
침향 (알로에) ――――――――― 258
침향 (Aloes wood) ―――――――― 260

ㅋ

캐럽콩 ―――――――――――― 82
케이퍼 덤불 ―――――――――― 162
쿠민 ――――――――――――― 262

ㅍ

파피루스 ――――――――――― 180
팥 ―――――――――――――― 224
페니키아향나무 ―――――――― 84
포도나무 ―――――――――――― 86
피네아소나무 ――――――――― 88
피마자 ―――――――――――― 182

ㅎ

하마다 ―――――――――――― 184
호두나무 ―――――――――――― 90
흑단나무 ―――――――――――― 92

성경에 나오는 식물 122
성경 식물 사전

2019년 1월 10일 인쇄
2019년 1월 15일 발행

감수 : 반재광
편저 : 김혜정
펴낸이 : 이정일

펴낸곳 : 도서출판 **일진사**
www.iljinsa.com

04317 서울시 용산구 효창원로 64길 6
대표전화 : 704-1616, 팩스 : 715-3536
등록번호 : 제1979-000009호(1979.4.2)

값 20,000원

ISBN : 978-89-429-1564-4